KB214678

혼자서도 공부할 수 있는
라틴어 문법

– 기본편 –

세움북스는 기독교 가치관으로 교회와 성도를 건강하게 세우는 바른 책을 만들어 갑니다.

혼자서도 공부할 수 있는
라틴어 문법
[기본편]

초판 1쇄 인쇄 2022년 7월 25일
초판 1쇄 발행 2022년 7월 30일

지은이 | 배태진
펴낸이 | 강인구
펴낸곳 | 세움북스

등   록 | 제2014-000144호
주   소 | 서울특별시 서대문구 연희로 160 3층 연희회관 302호
전   화 | 02-3144-3500
팩   스 | 02-6008-5712
이메일 | cdgn@daum.net

교   정 | 류성민
디자인 | 참디자인

ISBN 979-11-91715-47-7 (03230)

* 이 책은 신저작권법에 의하여 국내에서 보호를 받는 저작물입니다.
  출판사와의 협의 없는 무단 전재와 무단 복제를 엄격히 금합니다.
* 책값은 뒤표지에 있습니다.
* 잘못된 책은 교환하여 드립니다.

라틴어, 당신도
할 수 있습니다!
지금 부터 시작!

서문

라틴어를 왜 배우려고 하는가?

저는 예전에 라틴어를 배우고 싶은 분들은 소수의 전공자나 관련 학과 종사자뿐일 줄 알았습니다. 그런데 그것은 저의 큰 착각이었습니다. 우리나라 서양 고전 문헌 번역과 연구 그리고 교육에 힘쓰는 대표적인 기관으로 정암학당이 있습니다. 이곳의 주관으로 2018년부터 매년 일반인들을 대상으로 80시간 대장정의 라틴어 문법 강좌가 개설되고 있습니다. 제가 어느 봄날 이 라틴어 강의실에 처음 들어섰을 때는 이미 그곳에 약 100여 명의 사람들이 가득 차 있었습니다. 그것도 각자 생업에 종사하는 분들이거나 라틴어와는 아무 관련이 없는 학생이 다수였고, 풋풋한 새내기로 보이는 대학생부터 시작해서 피곤기가 가득한 직장인들을 비롯해 머리가 희끗하신 분들에 이르기까지 다양한 연령대로 구성되어 있었습니다. 코로나19도 이 모임의 행보를 막지는 못해서 이 글을 쓰고 있는 현재도 이 모임은 온라인으로 계속되고 있다고 합니다. 오늘날에도 라틴어 공부를 위해 모이고 있는 사람들이 있습니다. 이 사람들은 도대체 왜 라틴어를 배우고 싶은 걸까요? 제가 당시 함께 모였던 분들과 1년간 공부하고 대화하며 깨달은 그 이유들을 세 가지만 정리해 보면 이렇습니다.

첫째, 라틴어 공부는 새로운 시각을 열어 줍니다. 라틴어는 영어처럼 흔하거나 많이 강조되는 언어가 아니기에 우리에게 너무나 생소하고 낯선 '죽은 언어'(死語)입니다. 그러나 낯설다는 느낌은 현재의 나 자신을 새롭게 바라보고 점검하도록 만들어 줍니다. 오늘날 우리가 고대 서구에서 벌어진 일들을 살피고 난 다음에는 또 다른 시각을 가지고 세상을 바라보게 될 것입니다. 언어 학습 자체로 인문학 공부가 되는 것입니다. 이것이 언어 공부, 그중에서도 특히 고전어 공부가 갖는 힘입니다.

둘째, 라틴어 공부를 통해 우리는 고대 로마와 여러 도시들로 여행을 떠나게 됩니다. 보통은 우리가 소설을 읽을 때 그 소설의 세상으로 들어가게 됩니다. 한편 라틴어를 공부하면서 만나는 문장들이 주는 느낌도 이와 흡사합니다. 저는 함께 공부하는 여러 사람들이 라틴어 공부 중에 고대 도시들에 앉아 고대인들과 대화하는 느낌을 받고 있다는 사실을 알게 되었습니다. 혹자는 독서를 '읽는 여행'이라고 했습니다. 저는 라틴어 공부가 바로 '고대 로마로 떠나는 여행'이라고 생각합니다.

셋째, 라틴어 공부는 서구 문명의 뿌리를 탐구하는 과정이 됩니다. 라틴어는 유럽의 많은 현대어의 모체입니다. 단어 하나에도 유럽어의 어원과 역사, 그 발전 과정이 담겨 있습니다. 또한 라틴어에서 유래한 수많은 어휘와 표현들 그리고 생각의 구조들은 서구의 문화, 역사, 철학, 사회 등 다방면에 자리하고 있습니다. 역사 속에서 등장한 인문주의와 문예부흥 운동 뒤에도 라틴어를 비롯한 고전어 학습이 그 바탕에 있었습니다. 이것이 과거 서구의 정신적이고 문화적인 가치와 유산에 다가가는 통로가 되었던 것입니다.*

* 한편 역사 속에서 라틴어가 일반인들에게 성경(히브리어, 아람어, 헬라어)을 번역하여 전달하는 것을 막는 장애물이 되었던 것도 사실입니다. 이것은 1517년 종교개혁이 촉발되는 중요한 이유 중 하나가 되었습니다. 그럼에도 당시 교황 세력을 비판하고 종교개혁의 바람을 일으켰던 데시데리우스 에라스무스(1466~1536)나 마르틴 루터(1483~1546)와 장 칼뱅(1509~1564) 역시 고전어 훈련을 잘 받았던 진정한 의미에서의 인문주의자들이었습니다. 종교개혁의 기치인 Ad fontes(아드 폰테스)는 라틴어로서 '고전(또는 근원)으로 돌아가자'는 말입니다.

라틴어 공부의 장애물

하지만 라틴어 공부의 가치를 충분히 안다고 하더라도 그 학습을 어렵게 하는 장애물들이 있습니다. 이번에는 구체적으로 무엇이 라틴어 공부의 진입 장벽을 높게 만드는지를 생각해 보겠습니다.

첫째, 라틴어는 사실 진저리가 날 정도로 많은 패러다임과 암기 표를 공부해야 합니다. 라틴어 명사는 여섯 가지 '격'을 중심으로 세 가지 '성'과 두 가지 '수'에 따라 6×3×2로 총 36가지 변화를 합니다. 그런데 명사의 유형에 따라 그 변화의 방법도 달리 나타납니다. 라틴어 명사는 총 다섯 개의 '유형'이 있으므로, 명사만 해도 외워야 할 형태가 36×5인 180개나 됩니다. 또한 하나의 명사 단어가 가질 수 있던 어미 변화의 180가지 방법은, 형용사와 함께 놓일 때 그 조합되는 경우의 수가 몇 배나 늘어나게 됩니다.

둘째, 라틴어 공부는 모든 형태를 달달 외워도 기계적인 해석이 적용되지 않습니다. 가령 라틴어 명사는 그 복잡한 패러다임을 다 익혔다고 해도 격의 이름만 가지고는 도저히 추측하기 어려울 정도의 다양한 용법들을 가지고 있습니다. 그중에서도 '탈격'의 그 함축적인 뉘앙스를 파악한다는 것은 수많은 문장 연습을 통해 얻은 노련미로만 넘어설 수 있습니다. 탈격 용법의 꽃인 독립 탈격(또는 절대 탈격)은, 자주 쓰이는 표현이지만 그 독특한 구문론적 기능을 체득하지 못하면 이해할 수 없는 문장들이 속출하게 됩니다.

그밖에도 라틴어 대명사는 지시대명사, 인칭대명사, 관계대명사, 의문대명사 등에 있어 명사만큼이나 성, 수, 격에 따라서 엄밀하게 세분화됩니다. 또 동사에도 5가지 서로 다른 유형(1, 2, 3, 3-io, 4변화 동사)이 있고, '시제', '태', '법', '인칭', '수'에 따라 인칭어미가 달라집니다. 그리고 동사와 형용사적 성격을 함께 가지고 있는 분사의 변화와 해석도 익혀야 합니다.

이 같은 점들은 분명 라틴어 학습을 어렵게 합니다. 아무리 라틴어가 새로운 것과의 만남이자 여행이며 서양 문물의 뿌리를 캐내는 것이라고 할지라도, 이를 위해 들여야 할 노력과 수고는 하면 할수록 끝이 없어 보입니다. 실제로 앞서 말씀드린 100여 명으로 가득 찼던 라틴어 강의실은 연초를 지나 연말로 갈 때는 10%정도의 사람만이 끝까지 남아있게 됩니다. 그리고 새해에는 또 다시 100여 명의 사람들로 채워집니다. 이렇게 라틴어는 계속 도전하고 그 문을 두드리는 사람은 많지만, 공부하기 어려워 막상 그것을 끝까지 밀고 들어가는 사람은 적은 언어입니다.

이 책과 함께!

Nolite timere! 두려워하지 마세요. 아무리 라틴어가 어려운 언어라고 할지라도 이를 잘 가르쳐 주는 좋은 책과 선생님들이 우리 주위에 있습니다. 과거에 비해 시중에서도 훌륭한 라틴어 어학 교재들을 찾아볼 수 있게 되었습니다. 그럼에도 저는 이 책을 출간하면서 이 책만이 가진 장점과 특징을 말씀드리게 됩니다.

먼저 이 책『혼자서도 공부할 수 있는 라틴어 문법』「기본편」은 세움북스 출판사의 출간 제의에 따라 2021년도 목포 국제기독학교 중 · 고등학생 수업 강의안 중 "형태론"(Morphology)을 중심으로 엮은 것입니다. 이 책에 이어지는 책이 출간된다면 심화편으로서 "구문론"(Syntax)을 다루게 될 것입니다. 이후 본문 안에서 「심화편」으로 지칭하겠습니다.

첫째, 이 책은 학습자의 시각을 담고 있습니다. 저도 수년째 라틴어를 가르치고 있지만 또 여전히 배워 가고 있습니다. 그리고 공부하는 분들의 고충을 많이 헤아리고 있습니다. 따라서 처음부터 너무 많은 내용을 전달하려고 하지 않고 암기할 사항을 순차적으로 소개했습니다. 학생들에게 라틴어를 암기하기 쉽게 가르치고자 노력한 흔적도 곳곳에서 발견할 것입니다. 또 필요한 때는 이미 배우고 지나갔던 내용도 다시 상기해 보도록 했습니다. 때마다 라틴어 공부에 지친 이들을 격려하고 응원하는 메시지도 찾아볼 수 있을 겁니다.

둘째, 이 책은 라틴어를 전공하지 않은 분들을 위한 책입니다. 라틴어를 전공하시는 분들이라면 더 상세하고 심화된 문법서가 필요합니다만, 전공자가 아니라면 조금은 긴장과 부담을 덜고 친절하게 안내하는 책이 필요합니다. 라틴어로 "좋은 책이 최고의 스승이다(Optimus magister bonus liber)"라는 말이 있습니다. 전공자들에게 좋은 책이란, 모든 내용을 보다 완벽하게 갖추고 있는 책이겠지만, 비전공자에겐 '적절하면서도 알차게' 내용을 전달하는 책이 최고로 좋은 선생이 되지 않을까 싶습니다. 물론 전공자라 하더라도 이 책을 라틴어 공부의 좋은 출발이자 더 많은 배움을 위한 기초로 삼으실 수 있습니다.

셋째, 이 책은 라틴어 공부에 관심을 가지고 있는 누구나가 볼 수 있는 책입니다. 이 책을 기초로 한 강의의 원래 대상은 중·고등학생이었습니다. 그런데 국내에는 라틴어를 공부하고 있거나 하려고 하는 학생이 소수입니다. 따라서 학생들에게 강의했던 원고 일부를 성인들에 맞춰 다듬었습니다. 그럼에도 학생들 역시, 원한다면 이 책을 읽고 쉽게 이해할 수 있도록 했습니다. 궁극적으로 이 책은 라틴어 학습에 가치를 알고 공부를 시작하려 하지만 막막함을 느끼는 모든 분을 위한 책입니다.

넷째, 이 책은 라틴어 학습을 위한 새로운 방식의 문법 교재입니다. 저 역시 힘들게 라틴어 공부를 했습니다. 그러던 중에 저처럼 언어 공부를 어려워하는 이들을 위해 암기할 표들을 '마구' 던지지 않는 책이 있다면 어떨까 생각했습니다. 방대한 패러다임은 사람을 쉽게 지치게 하고 금방 나가떨어지게 만들기 때문입니다. 암기를 완전히 배제할 수는 없지만, 문법을 배우게 하기 위한 귀납적 접근과 연역적 접근을 적절하게 아우르는 지점이 어디일까를 생각해 보았습니다. 그런 고민이 '보면서 따라 말하고, 쓰면서 자연스럽게 차근차근 익히는' 라틴어 책을 기획하는 동기가 되었습니다. 그리고 이 책으로 저는 라틴어 공부의 대중화를 시도하는 저의 작은 첫걸음을 딛게 되었습니다.

다섯째, 이 책은 라틴어 단어의 어미를 보고 형태를 파악하는 능력을 가장 쉽고 빠르게 키워 주려는 목적을 갖고 있습니다. 사실 라틴어 공부의 가장 큰 유익 중 하나는 고대의 문장과 표현들을 만나는 것입니다. 한편 그러기 위해서는 얼마간 '형태론' 공부와 '암기'라는 거대한 씨름을 필요로 합니다. 이 책은 구문론으로 나아가기 위한 한 과정이므로 본문에서는 자연스럽게 어미를 구별하도록 하기 위한 암기 팁이 많이 제시되어있고, 연습문제에서도 문장이나 구문들보다 단어들 위주로 나옵니다. 그럼에도 라틴어를 즐겁게 익힐 최소한의 기회를 드리고자 각 강의마다 주제를 정해 몇 개의 라틴어 표현과 문장을 제시했습니다. 이 문장들에는 그 강의에서 배운 문법 요소가 하나 이상 포함되어 있습니다. 이 책의 표현들을 통해 라틴어의 즐거움을 느끼고 이후에 더 많은 문장과 표현들은 「심화편」을 통해 만나 보실 수 있길 바랍니다.

"공부에 꼭 필요한 책"이 되시길 바라며
저자 배태진 드림

라틴어를 배우는 과정은 기나긴 여행을 하는 것과 같은 일입니다. 가는 여정 가운데 배우는 즐거움과 기쁨이 있는 줄 알지만, 갈 길이 멀고 험한 줄 알기에 많은 사람들은 선뜻 그 길을 떠나지 못하기도 합니다. 그런 의미에서 긴 여정을 한 눈에 볼 수 있게 해주고 라틴어 학습의 여정을 집약해서 제시해 주는 교재가 이 시대에 꼭 필요하다고 할 수 있습니다. 이 책의 저자는 이런 시대적 요구와 필요를 잘 파악하고선 거기에 적합한 방식으로 라틴어 문법을 소개하고 있습니다. 이 교재를 통하여 학습자들이 라틴어를 친근하게 느끼고 쉽게 접근하리라 믿어 의심치 않는 바입니다.

정창욱 (총신대학교 신학과 교수)

고대 그리스 로마 문명과 차별되는 유럽 문명을 형성하는 토대가 된 것이 라틴어입니다. 오늘날 유럽 문명을 이해하기 위한 언어와 교양의 토대로서 라틴어는 매우 중요한 자리를 차지합니다. 그 중요성에도 불구하고 현대에 사용되는 언어가 아니라는 이유로 라틴어는 크게 관심을 받지 못하고 있습니다. 어쩌면, 라틴어에 관심을 가진 대중들이 적잖게 있음에도 이 언어에 접근할 수 있는 통로 자체가 없다고 표현하는 것이 더 적절할는지 모르겠습니다. 이런 때에 배태진 선생이 일반인들을 대상으로 하는 라틴어 문법서를 냈다는 것은 여러모로 놀랍고 의미 있는 일입니다. 먼저는, 저자가 이미 청소년들을 대상으로 라틴어를 강의해 왔다는 것이 놀랍습니다. 이 책은 그 강의를 발전시켜 대중 독자를 대상으로 써 낸 책입니다. 둘째는, 이 책의 구조와 내용은 라틴어라는 언어에 흥미를 가진 독자들이 첫 걸음을 뗄 수 있도록 독자들의 눈높이에 맞게 되어 있습니다. 이 책의 흐름만 잘 따라가다 보면 독자들은 낯선 언어를 접촉하는 것이 얼마나 우리의 교양과 인문학의 수준을 높여 주는지 알게 될 것입니다. 마지막으로, 저자의 참신한 시도는 지금껏 중세 라틴 문화를 공부해 온 저의 게으름에 대한 부끄럼과 더불어 저자의 수고에 고마움을 느끼게 합니다. 독자들이 저자의 친절한 안내에 따라 새로운 앎을 향한 용기 있는 한 걸음을 딛기를 바랍니다.

최종원 (유럽 중세사학자, 밴쿠버 기독교세계관대학교 교수)

라틴어로부터 파생된 단어들은 영어나 독일어나 불어에서 소위 문자에 속합니다. 그래서 특별히 독일에서는 고등학교 때부터 벌써 라틴어를 학습하는 경우가 많습니다. 마치 우리가 중학교에서부터 한자를 배우듯이 말입니다.

라틴어 학습의 목적은 무엇보다도 학문하기 위함입니다. 특히 서양의 문명으로부터 발전해 온 학문은 그것이 무엇이든 상관없이 라틴어를 기반으로 하여 개념이 형성되었고, 지금도 그 개념이 통용되고 있습니다. 그러므로 라틴어 학습의 필요성은 두말할 필요조차 없습니다.

시중에 나와 있는 수많은 라틴어 교재들 중, 여기 『혼자서도 공부할 수 있는 라틴어 문법』을 자신 있게 추천합니다. 외국어로 된 라틴어 교재가 번역되어 나온 것도 있고, 혹은 직접 저작된 라틴어 교재들도 많이 있습니다. 그런 교재 중 적절한 것을 선정하고자 할 때 가장 중요한 것은 당연한 말이지만 번역자나 저자의 실력입니다. 무엇보다도 라틴어 자체를 얼마나 잘 이해하고 있느냐가 번역과 저작의 성공을 좌우합니다. 배태진 선생은 여러 훌륭한 선생을 스승으로 두고 있기도 하지만, 무엇보다도 라틴어를 사랑하고, 스스로 라틴어 공부에 흥미를 느끼며, 자신의 언어 능력을 키웠습니다. 그러므로 그와 함께라면 더 흥미롭게 그리고 더 즐겁게 라틴어를 학습하여 나갈 수 있으리라 생각합니다. 부디 이 책을 통해 라틴어의 즐거움을 만끽하고, 더 나아가 학문의 성과를 이루길 기대합니다.

구자용 (독일 본대학교 Dr.theol., 주안대학원대학교 교수)

『혼자서도 공부할 수 있는 라틴어 문법』은 라틴어를 배우는 학습자 입장에서 가장 어렵게 느끼는 부분들을 쉬우면서도 간결하게 정리하고 소개합니다. 매 과마다 적절히 배분된 어휘와 연습문제로 중도에서 포기하지 않고 잘 따라올 수 있도록 친절히 배려하며, 요즘 트렌드에 맞게 동영상 강좌로도 학습할 수 있게 합니다.

언어를 하나만 아는 사람은 그 언어마저 제대로 알지 못합니다. 하나의 언어는 다른 언어들을 배움으로써 그 언어의 독특성뿐 아니라 다른 언어와의 연관성 또한 드러납니다. 『혼자서도 공부할 수 있는 라틴어 문법』의 강점은 비교언어학적 통찰이 근간을 이룬다는 것입니다. 저자 배태진은 영어와 라틴어, 그리스어 등의 인도유럽어뿐 아니라 히브리어 같은 셈족어도 오래 연구한 사람으로서, 그의 라틴어 설명에는 여러 언어들의 비교 연구를 통해 얻은 통찰이 밑바탕에 깔려 있습니다. 익숙한 우리말과 영어 등을 비교함으로써 학습자는 생소한 라틴어를 훨씬 친숙하게 접하게 될 것입니다.

송민원 (고대근동언어학자, 더 바이블 프로젝트 대표)

목포국제기독학교 학기 수업이 마친 뒤

선생님! 라틴어를 쉽고 재미있게 가르쳐주셔서 감사합니다. 저는 특히 해리포터 마법 주문에 라틴어 단어들과 뜻이 들어있다는 사실이 굉장히 흥미롭고 재미있었던 것 같아요. 선생님 감사합니다!

이○엘

이번 학기도 어김없이 선생님과 같이 라틴어 수업을 할 수 있어서 매우 좋았어요. 저 지금 스페인어 배우고 있는데 라틴어랑 비슷한 부분들이 보여서 되게 신기했고 더 쉽게 이해 할 수 있는 것 같아요. 선생님과 수업을 하면서 라틴어 문장을 조금씩 해석하는 저를 보면서 되게 신기했고 이렇게 될 수 있도록 도와주셔서 감사합니다. 매주 진심으로 저희를 가르쳐주셔서 정말 감사하고 다음에 또 수업을 듣게 되면 더 열심히 배울게요! 감사합니다.

전○결

선생님, 라틴어를 배울 수 있는 기회가 흔하지 않을 텐데, 이렇게 공부할 수 있어서 영광이었습니다. 외울 것이 생각보다 많다는 생각도 들었지만 영어 공부에도 도움이 되고 의미 있는 문장들도 배워서 뜻 깊은 시간이었습니다. 다음 수업에도 참여하고 싶습니다. per aspera ad astra!

성○온

선생님 올해 한 학기도 수고 많으셨습니다. 저희 신경 써서 어렵지 않은 내용으로 준비해주시고 라틴어에 관한 내용뿐 아니라 좋은 말씀들로 지도해 주셔서 유익하고 재미있었습니다. 무엇보다 좋은 선생님이 되어주셔서 감사했고, 많은 학생들 가르치시느라 수고 많으셨습니다. 다른 수업에서 또 뵙겠습니다.

장○량

겨울학기 그룹 과외를 마친 뒤

우리 일상생활에서도 쓰고 있는 단어들 중에 라틴어 단어들이 있다는 사실이 신기했다. 영어와 달리, 보이는 그대로 읽는다는 점이 흥미로웠다. 라틴어를 배움으로써 영단어들의 더 깊은 뜻을 알 수 있게 돼서 좋았고, 이번에 배웠던 라틴어 문장들도 인상 깊고 좋았다. 이번 겨울 방학도 열심히 가르쳐주셔서 감사합니다!

A학생

들어는 봤지만 배우고 읽지도 못한 언어, 생각지도 못한 언어를 정확하고 특별하게 배우는 시간이었던 것 같다. 세상에 하나 밖에없는 수업으로 유익한 시간이 되게 해 주셔서 정말 감사하다. 왠지 모르게 어떤 나라를 가도 라틴어로 적힌 단어들을 읽을 수 있을 것만 같다. 도움이 많이 됐어요. 감사해요. 선생님.

B학생

명언들을 통해서 라틴어 고유의 철학들을 엿볼 수 있어서 좋았다. 평소에 접해왔던 언어들의 문법들과 달라서 신기했다. 어렴풋이 알고 있던 영어 단어들을 재미있고 다양하게 알 수 있게 된 것도 한편으로 신기하고 도움이 되었던 것 같다. 선생님, 라틴어가 예쁜 언어여서 배우면서 너무 재미있었어요!

C학생

다양한 고대 이야기와 어록들을 이해하며 라틴어를 배울 수 있어서 유익했다. 영어의 뿌리가 되는 다양한 언어들과 표현들을 라틴어 중심으로 이해할 수 있게 되었다. 선생님, 말씀하신 대로 학생 때에 라틴어라는 언어를 배울 수 있어서 좋았습니다. 사랑합니다.

D학생

내가 이미 알고 있던 배경지식들이 라틴어와 굉장히 많이 관련되어 있었다는 것을 알게 되었다. 같은 말을 여러 가지 언어로 적을 수 있다는 게 정말 재미있었다. 선생님과 라틴어를 배우면서 언어 쪽에 더 관심이 생겼고, 더 많이 배우고 싶다는 욕심도 생겼다. 선생님, 라틴어를 가르쳐 주셔서 감사합니다. 수업 시간 동안 재미있게 라틴어를 배울 수 있었어요.

E학생

많은 라틴어 표현들을 알게 도와주신 배태진 선생님께 감사드린다. 또한 로마 계통 언어의 뿌리라 할 수 있는 라틴어를 읽을 수 있게 되어 기뻤다. 선생님, 저는 솔직히 대충하고 제대로 안 한 적도 있었지만 그때마다 격려해 주셔서 다시 수업에 참여할 수 있었습니다. 그리고 기회가 되면 히브리어도 공부해 보고 싶어요. 선생님 감사합니다.

F학생

책 활용법

❶ 강의
배태진 선생님의 안내를 따라 쉽고
빠르게 라틴어 문법을 배우는
시간입니다.

❷ 따라쓰기
이번 강의에서 필수로 체크해야 할
내용을 따라 쓰고 입으로 말하며
복습합니다.

❸ 필수어휘
책 전체 〈연습문제〉와
〈라틴어 표현 익히기〉 코너에
등장할 핵심단어들입니다.

❹ 연습문제
강의 내용을 복습하며
라틴어 단어의 형태를 보고
해석하는 법을 훈련합니다.
라틴어 표현 익히기
라틴어 문장과 표현들을 재미있게
배우고 생각해 보는 시간입니다.

❺ 학습영상
QR코드를 찍으면 〈연습문제〉와
〈라틴어 표현 익히기〉 해설 영상이
나옵니다.

❻ 라틴어 표현 익히기
라틴어 문장과 표현들을 재미있게
배우고 생각해 보는 시간입니다.

이 책을 사용함에 있어 몇 가지 일러둘 내용을 다음과 같이 밝힙니다.

첫째, 발음법은 고전 라틴어 발음을 주로 사용하되 일부는 교회 라틴어 발음을 따랐습니다. 라틴어 발음의 경우 나라마다 학자마다 차이가 있는 편입니다. 현재 말하고 듣는 언어가 아니기에 무엇이 옳고 그른지 완전한 합의를 이루기는 어렵습니다. 저는 제가 처음 배운 고전 라틴어 발음을 따랐고, v발음의 경우에는 교회 라틴어 발음을 훨씬 더 많이 사용하므로 이를 따라 '브'로 발음했습니다.

둘째, 본문에 나오는 라틴어 단어 옆에 괄호로 한국어 발음 표기를 적었습니다. 사실 라틴어는 로마자의 음가 그대로(거의 생긴 그대로) 소리가 나타나기에 굳이 발음 표기를 하지 않는 경우가 많습니다. 그러나 이 책은 학습자의 편의를 고려했기에 본문과 〈따라쓰기〉에 나오는 대부분의 라틴어 단어와 형태들에 한국어 발음을 적어 두었습니다.

셋째, 변화의 명칭을 단일화했습니다. 명사는 성, 수, 격에 따라, 동사는 시제, 태, 법, 인칭, 수에 따라 형태가 변화합니다. 명사 변화는 한자어로 곡용(曲用)에 해당하며, 동사 변화는 한자어로 활용(活用)이라고 합니다. 하지만 저는 라틴어라는 어려운 언어를 공부하면서 이름에서부터 기죽을 필요는 없다고 생각했습니다. 그래서 이 책에서는 말 그대로 "명사 변화" 또는 "동사 변화"라는 명칭을 썼습니다.

넷째, 이 책에서는 학습의 실용성을 위해서 꼭 필요한 경우가 아니면 장 · 단 모음과 악센트 표시를 따로 하지 않았습니다. 장 · 단 모음과 악센트의 구별은 라틴어 공부의 장벽을 한층 높아지게 합니다. 최근 그 구별을 정확히 하지 않는 경향이 점점 더 많이 나타나고 있습니다. 따라서 저는 그 구별이 꼭 필요한 상황에만 다루기로 했습니다. 즉 장 · 단 모음은 명사의 특정 격이나 동사의 유형을 구별하는 정도로만 설명했고, 악센트는 라틴어 자 · 모음을 다룰 때 그것이 들어가는 음절의 위치를 소개하는 것으로만 진행했습니다.

목차

어떤 공부를 하든지 간에 내용의 전개가 어떻게 나타나고 있는지를 아는 것은 굉장히 중요한 일입니다. 흐름을 알면, 배우고 있는 현재 단계의 위치를 명확히 하게 됩니다. 또 앞으로 나아갈 길도 잃지 않게 됩니다. 라틴어라는 낯선 언어를 공부할 때도 이 원리는 고스란히 적용됩니다. 라틴어는 거대한 산맥이자 드넓은 바다 한복판이라고 할 수 있습니다. 산맥을 뚫고 바다를 항해하려면 좋은 지도 하나쯤은 갖고 있어야 합니다. 저는 이 책이 여러분들의 라틴어 문법 공부에 그와 같은 역할을 하게 되길 기대합니다.

『혼자서도 공부할 수 있는 라틴어 문법』「기본편」에서는 동사와 명사를 위주로 공부하게 됩니다. 동사는 1, 5, 6, 7, 12, 13강에서, 명사와 대명사 그리고 형용사는 2, 3, 4, 8, 9, 10, 11강에서 볼 수 있습니다. 강의 순서를 보면 알 수 있듯이, 동사와 명사를 오가는 구성을 하고 있습니다. 이렇듯 불편하게 오가는 이유는 외국어 학습 과정이 '동사를 해치웠으니 이제 명사로 넘어가자'라는 식으로 진행되지 않기 때문입니다. 집을 지을 때 시멘트를 다 바르고서 벽돌을 쌓는 것이 아니라 시멘트를 발라 가며 벽돌을 쌓는 이치와 마찬가지입니다. 라틴어 공부는 '해치우는 것'이 아닌 기초를 하나씩 '올려 나가는 것'에 가깝습니다.

Omnium rerum principia parva sunt!

[옴니움 레룸 프린키피아 파르바 순트!]
모든 것은 작게 시작합니다!

※ 라틴어 명사 중 빈도수가 상대적으로 적은 4, 5변화 명사와, 구문론에 해당한다고 볼 수 있는 분사, 명령법, 부정법, 가정법, 종속절 등은 「심화편」에서 다룹니다.

1강
라틴어 소개 + 동사 맛보기

라틴어 **읽는 법**과 라틴어 **동사의 어미**에 대해 이해한다.

라틴어 소개 + 동사 맛보기

영어와 라틴어

'라틴어'하면 어떤 생각이 떠오르시나요? 어렵고 딱딱하고 재미없는 것? 라틴어를 어느 정도 접해 본 분이라면 라틴어는 우리가 현재 가장 많이 사용하는 언어인 영어와도 깊은 관련이 있다는 것을 아실 겁니다. 그중에서도 특히 영어 접두어와 접미어에 라틴어의 의미가 많이 들어 있습니다.

예를 들어 라틴어에서 나온 접두어인 dis를 보겠습니다. dis는 부정(not) 또는 반대(opposite), 그리고 무언가로부터 떨어지거나(apart) 분리된(away) 것을 뜻합니다.

그래서 영어 단어 dis‒order는 '질서'(order)의 반대인 '무질서', dis‒appear은 '나

타나다'(appear)의 부정인 '사라지다', dis-pose는 '놓다'(pose; place)의 분리, 떨어짐인 '배치하다' 또는 '처분하다'가 됩니다.

dis-order 반대-질서	dis-appear 부정-나타나다	dis-pose 떨어짐-놓다
무질서	사라지다	배치하다 / 처분하다

이처럼 영어 단어에는 라틴어의 영향이 많이 나타납니다. 전체 영어 단어 중 라틴어와 관련된 것이 일상 언어 중에는 60% 정도가, 학술 용어 중에는 80% 정도라고 합니다. 특히 미국 대학이나 대학원 입학을 앞두고 치르는 SAT나 GRE같은 영어시험을 준비할 때 필요한 고급 어휘들의 상당수가 라틴어 단어들에서 파생되었습니다. 라틴어는 많은 유럽어들과 단어뿐 아니라 문법적 유사성도 가지고 있는데, 이탈리아어와 프랑스어 또는 스페인어에서 유독 그렇습니다.

유럽과 라틴어

유럽 지도를 보시기 바랍니다.

영국, 독일, 네덜란드 그리고 이탈리아, 프랑스, 스페인 등의 나라가 보입니다. 여기서 앞에 언급한 세 개는 게르만어족 언어를 사용하는 나라들입니다. 또 후자의 세 개 나라는 라틴어족 언어를 쓰고 있습니다.

여기서 "어족(語族)"이란 영어로는 "Language family"라 하는데 같은 조상 언어를 가지고 있다가 갈라져 나온 언어집단이라는 뜻입니다. 여기서 우리는 잠시 멈추어 생각해 보게 됩니다. 게르만어족과 라틴어족이 서로 다른 어족에 속해 있다면[*], 라틴어족을 대표하는 라틴어는 어떻게 게르만어족인 영어에 그토록 큰 영향을 끼쳤다고 볼 수 있는지 말입니다.

* 한편 시간을 더 많이 거슬러 올라가면 게르만어족과 라틴어족에게는 인도유럽어족 (Indo - European) 언어라는 고대의 조상언어가 있었을 것이라고 합니다. 이는 언어 역사(Language in History) 학계에서 여러 어족 언어들 간의 공유하는 흔적을 추적한 결과로 알아낸 것입니다.

이 사실은 과거에 로마가 유럽의 대부분 나라들을 지배했다는 사실에서 찾을 수 있습니다. 즉 제국의 언어인 라틴어는 식민 사업이나 선교 정책과 같은 방법으로 다른 나라들에 깊숙이 들어갔고, 그 결과로 영어뿐 아닌 많은 유럽어들에 라틴어의 흔적을 남기게 된 것입니다. 우리가 속한 동아시아권에서는 중국이 거대한 영토와 오랜 왕조를 중심으로 한자어의 영향을 끼쳤듯이, 유럽권에서는 로마제국과 로마의 언어인 라틴어가 그런 역할을 했다고 생각하면 됩니다.

라틴어 읽는 법

이 시점에서 간단한 라틴어 문장을 하나 살펴보도록 하겠습니다.

구분	Do	ut	des
읽는 법	도	우트	데스
뜻	내가 준다	~하기 때문에	네가 준다
	▼ "네가 주기 때문에 나도 준다"		

"네가 주면 나도 주겠다"는 말은 로마의 상호주의 원칙을 잘 보여 줍니다. 이는

한민족의 품앗이나 오늘날 우리와 이웃 간에 발생하는 '가는 게 있으면 오는 게 있는' 경조사 문화를 떠올리게 합니다.

한편 이 문장의 뜻이나 로마의 문화와는 상관없이, 여러분이 위 문장을 처음 마주칠 때 드는 생각은 무엇입니까? 어느 정도는 읽는 법이 짐작되지 않으시나요? **라틴어는 영어 자음과 모음을 비슷하게 공유하고 발음도 눈에 보이는 대로 읽으면 되**기에 시작할 때 어려울 것은 없습니다. 이 부분이 라틴어 공부를 시작할 때 비교적 수월하게 느껴지는 부분입니다. 그러면 여기서 잠시 라틴어 자음과 모음을 생각해 보도록 하겠습니다.

한국어로는 ㄱ, ㄴ, ㄷ, ㄹ, ㅁ, ㅂ…이 자음입니다. ㅏ, ㅑ, ㅓ, ㅕ, ㅗ, ㅛ…가 모음입니다. 영어의 자음과 모음은 라틴어의 것과 대체로 일치한다고 했습니다. 즉 영어의 모음인 a, e, i, o, u와 자음인 b, c, d, f, g…는 라틴어에도 대체로 적용됩니다. 그렇다면 영어와 라틴어의 자음과 모음의 차이만 몇 가지 짚어 보겠습니다. 먼저 y와 z는 라틴어의 고전기가 아닌 후대에 로마 황제 아우구스투스 이후 들어온 것입니다. 그리고 독특하게도 라틴어 i는 i(모음)와 j(자음)의 역할을, u는 u(모음)와 v(자음) 역할을 동시에 합니다. 한편 이 책에서 라틴어 문장을 읽을 때는 i는 항상 [이] 발음으로 읽되, u는 복원한 라틴어 본문에서 대부분 자음과 모음을 구별해서 사용하고 있기에 u(모음)는 [우] 발음으로 v(자음)는 [브] 발음으로 읽을 것입니다.

라틴어 읽는 법에 대해 좀 더 배워 보기 전에 잠시 라틴어 발음의 서로 다른 두 유형을 생각해 봅니다. 라틴어 발음은 크게 **고전 라틴어 발음**(Latina classica)과 **교회 또는 스콜라 라틴어 발음**(Latina scholastica)으로 나뉩니다. 교회 라틴어 c는 [취]로, g를 [쥐]로, t를 [찌]로 발음한다는 점에서 고전 라틴어 발음과 차이가 있습니다. 편의상 교회 라틴어는 ㄲ, ㄸ, ㅃ, ㅆ, ㅉ…와 같은 된소리 발음이 있다는 정도로 기억하면 좋습니다. 저는 고전 라틴어 발음을 위주로 설명해 드릴 것입니다.

라틴어 발음은 말 그대로 '보이는 대로' 읽습니다. 아래에 라틴어와 영어 발음 차이를 비교하기 위해 영 단어 몇 개를 예시로 준비해 보았습니다. 이 단어들은 영어 단어이지만 연습을 위해 라틴어식으로 읽어볼 것입니다. 특히 a모음과 u모음을 눈에 보이는 대로 어떻게 읽어야 할지 생각하며 발음해 봅시다.

human   fact   bus   baby

첫 번째 단어입니다. 혹시 [휴먼]으로 읽으셨나요? 라틴어는 보이는 대로 읽어야 한다고 했습니다. [후만]으로 읽습니다. u는 [우] 발음을 a는 [아] 발음을 갖기 때문입니다. 두 번째 단어로 넘어갑니다. [팩트]가 아니라 [팍트(팍트)]로 읽으셨나요?

세 번째 단어는 [버스]가 아니라 [부스]입니다. 마지막 단어는 [베이비]가 아니라 [바비]입니다. 또 다른 그림을 보겠습니다. 이번에는 라틴어 발음을 할 때 특별히 주의해야 할 자음 발음을 위주로 봅니다.

city   nation   gem   church

첫 번째 단어는 어떻게 읽을까요? 영어처럼 [씨티]로 읽지 않고 [키티]로 읽습니다. 고전 라틴어에서 c발음은 [ㅋ]으로 생각하면 됩니다. city를 영어식으로 읽을 때처럼 c가 상황에 따라 [ㅆ]로 하지 않고 [ㅋ]로 발음한다고 생각하면 됩니다.

두 번째 단어입니다. [네이션]이 아니라 보이는 대로 [나티온]으로 읽으셨나요? t발음은 [ㅌ]입니다. nation처럼 상황에 따라 t를 [ㅅ]으로 발음하지 않고 [ㅌ]로 발음하면 됩니다.

세 번째 단어 gem은 영어로는 [젬]이라고 발음합니다. 하지만 보이는 대로 읽으면 [겜]입니다. g는 [ㄱ]으로 발음됩니다.

마지막 단어입니다. [철치]가 아니라 [쿠르크]입니다. ch는 상황에 따라 [ㅊ]으로 발음하지 않고 [ㅋ]로 발음하면 됩니다. 이 발음은 그리스어 χ[키]라는 발음에서 유래된 것으로 여깁니다.

* 사실 고전 라틴어 시대 이전에 C문자는 g[그] 발음이었습니다. 그런데 고전 라틴어 시대로 접어들면서 C문자가 K문자의 k[크] 발음을 대신하게 됩니다. 그리고 g발음을 표현하기 위해서는 G문자가 새롭게 추가됩니다. 즉 [크] 발음은 C로, [그] 발음은 G로 나타내게 됩니다.

자음에서 주의해야 할 대표적인 라틴어 발음들

다시 모음으로 돌아옵니다. **라틴어 모음에는 장음과 단음이 있습니다.** 영어에는 나타나지 않는 지점입니다.

장음은 a[아], e[에], i[이], o[오], u[우] 모음 위에 긴 작대기가 있습니다. 단음은 작대기 없이 a[아], e[에], i[이], o[오], u[우] 모음만 그대로 있습니다.

장음의 발음은 단음에 두 배 정도 길게 했을 것으로 여겨집니다. 한편 실제 글에서는 장음을 따로 표시하지 않는 경우가 많습니다. 또한 현재 일상 회화에서 라틴어가 쓰이지 않기 때문에 소리의 길이를 꼭 달리해서 외우지 않아도 됩니다.* 라틴어는 보이

* 고대 라틴어 기초 문법서에는 교사와 제자의 대화들이 나와 있습니다. 이들의 대화를 통해 우리는 고대인들이 라틴어 모음의 장음과 단음을 구별했음을 알게 됩니다. 또한 우리는 운율이 있는 로마 시학에서도 장음과 단음의 차별을 통한 음악적 효과를 확인할 수 있습니다. 그렇지만 로마인들이 글을 쓰면서 장음과 단음을 표시한 것은 아니었습니다. 이들은 모두 장·단모음을 구별할 줄 알았고 굳이 표기할 필요를 느끼지 않았을 것입니다. 단지 라틴어 장음과 단음을 공부하는 일은 후학들의 어려움이 되었을 뿐입니다.

는 대로 읽기에 '발음기호'라는 것도 특별히 없습니다. 즉 라틴어 발음 표기나 장음과 모음에 대해 너무 고민하지 않아도 된다는 말입니다. 현재로서는 가볍게 한 번 읽고 지나가시는 것으로 족합니다. 장음과 단음에 대해서는 명사의 '격'과 동사의 "어간 모음"을 구별할 때 다시 언급될 것입니다.

이어서는 라틴어의 이중모음을 보도록 하겠습니다. 이중모음이란 앞서 배운 다섯 개의 모음 중 두 개가 합쳐진 발음을 말합니다. 한국어에서 'ㅏ'와 'ㅣ'를 더해 만든 'ㅐ'와 같은 발음을 떠올리면 됩니다. 이렇게 두 발음을 하나로 생각하고 발음하는 **라틴어의 이중모음에는 여섯 가지가 있습니다.** 과거에 이 발음들은 한 발음처럼 빠르게 발음했을 겁니다.

> ae[아이], au[아우], ei[에이], eu[에우], oe[오에]*, ui[우이]

이 중에서 특별히 주의할 것은 ae[아이]입니다. ae는 이중모음 중 원래 발음이 무엇이었는지 가장 어려운 발음입니다. [아이] 말고도 [아에]나 [애] 또는 [에] 등으로 정해서 발음할 수도 있습니다. 저는 ae를 [아이]로 발음할 것임을 밝힙니다.

---

* a뒤에 붙는 e가 [이] 발음이 되듯 (ae[아이]), o뒤에 붙는 e도 [이] 발음이 자연스러워 보입니다(oe[오이]). 다만 이 책에서는 가장 논쟁적인 발음인 ae만 [아이] 발음으로 하고자 했고 다른 모든 경우는 "눈에 보이는 그대로" 한국어 발음표기를 진행했습니다(oe[오에] 포함).

라틴어 읽기					
대문자(소문자)	문자 이름	발음	대문자(소문자)	문자 이름	발음
A(a)	아	ㅏ	M(m)	엠	ㅁ
B(b)	베	ㅂ	N(n)	엔	ㄴ
C(c)	케	ㅋ	O(o)	오	ㅗ
D(d)	데	ㄷ	P(p)	페	ㅍ (p)
E(e)	에	ㅔ	Q(q)	쿠	ㅋ (항상 모음 u와 함께 qu)

대문자(소문자)	문자 이름	발음	대문자(소문자)	문자 이름	발음
		라틴어 읽기			
F(f)	에프	ㅍ (f)	R(r)	에르	ㄹ (개 으르렁 거리는 r소리)
G(g)	게	ㄱ	S(s)	에스	ㅅ
H(h)	하	ㅎ (ch는 "ㅋ" ph는"ㅍ")	T(t)	테	ㅌ
I(i)	이	ㅣ	U(u)	우	ㅜ
K(k)	카	ㅋ	X(x)	엑스	ㅋㅅ
L(l)	엘	ㄹ			

1. Y(y), Z(z)는 각각 [ㅣ]와 [ㅈ] 발음으로 그리스어 발음을 표시하기 위해 후대에 등장

2. ph는 영어의 f가 아닌 p발음

3. **악센트**: 한 음절일 경우 그 음절에, 두 음절일 경우 앞 음절에,
　　　　 세 음절 이상일 경우 뒤에서 두 번째 음절 (해당 모음이 장모음이거나 이중 모음)이나
　　　　 뒤에서 세 번째 음절(두 번째 음절이 단모음)에, 악센트를 위치시킵니다.
　　　　 예를 들어, ser/vo
　　　　　　　 [1] [2] ⋯ 앞 음절인 e(단모음)에 악센트
　　　　　　　 ser/vā/re
　　　　　　　 [1] [2] [3] ⋯ 두 번째 음절인 ā(장모음)에 악센트

라틴어 동사

　마지막으로 라틴어 동사의 가장 중요한 특징을 살펴봅니다. 한국어나 영어는 일반적으로 문장을 만들 때 주어와 동사로 만들어집니다. 즉 동작을 행하는 주어가 '내가'(I)나 '네가'(you) 또는 '그/그녀/그것'(he/she/it) 등으로 등장합니다. 한편 라틴어는 주어를 따로 쓰지 않아도 이미 동사 안에 주어가 포함되어 있습니다. 즉 **동사의 형태가 '내'가 하는 것인지 '네'가 하는 것인지 또 다른 누가 하는 것인지 주어를 이미 결정하고 있습니다.**

　'공부하다' 또는 '열중하다'를 뜻하는 studeo[스투데오]라는 라틴어 동사는 영어 단

어 study(공부하다)와 studio(예술가들이 열중해서 작업하는 공간으로 일명 스튜디오)의 어원입니다. 한편 이 단어 studeo는 그 자체로 '내가 공부한다' 또는 '내가 열중한다'라는 뜻이 됩니다. 이 단어에서 "공부" 또는 "열중"이라는 의미를 갖는 stude[스투데]는 변화가 없이 고정된 부분을 뜻하는 어간(語幹)인데, 여기에 s를 단어의 꼬리(즉 어미[語尾])에 붙여 studes[스투데스]라고 하면 "네가 공부한다"가 됩니다. 또 t를 붙여서 studet[스투데트]가 되면 "그/그녀/그것이 공부한다"가 됩니다. 이런 식으로 단어의 **꼬리, 즉 어미에 어떤 것을 붙이냐에 따라 그 안에 주어가 들어가는 것입니다.** 동사의 어미는 누가 동사의 주어가 되는지 (주어의 인칭)에 따라서 아래와 같이 다르게 붙여집니다.

어미 변화	발음	인칭*	뜻
+ o	오	1인칭 단수	내가 ~ 한다.
+ s	에스	2인칭 단수	네가 ~ 한다.
+ t	티	3인칭 단수	그/그녀/그것이 ~ 한다.
+ mus	무스	1인칭 복수	우리가 ~ 한다.
+ tis	티스	2인칭 복수	너희가 ~ 한다.
+ nt	엔티	3인칭 복수	그들/그녀들/그것들이 ~ 한다.

순서대로 하면 "o[오] – s[에스] – t[티] – mus[무스] – tis[티스] – nt[엔티]"입니다. 라틴어 동사를 배울 때 가장 기본이 되는 부분입니다. 모든 강의에는 보면서 따라 말하고, 쓰면서 자연스럽게 차근차근 익히는 코너(이하 〈따라쓰기〉)가 있습니다. 이번 강의를 마무리할 때는 라틴어 동사의 주어를 결정하는 인칭어미를 〈따라쓰기〉 하게 될 것입니다. 그러면 앞에서 봤던 라틴어 문장으로 잠시 돌아가 보겠습니다.

* 이후 표에서 '1인칭 단수'는 '1단'으로, '2인칭 단수'는 '2단'으로, '3인칭 단수'는 '3단'으로 씁니다.

구분	Do	ut	des
읽는 법	도	우트	데스
뜻	내가 준다	~하기 때문에	네가 준다
		▼ 네가 주기 때문에 나도 준다.	

Do[도]에 어떤 어미가 들어있는지 보이시나요? o[오]는 주어가 '나'임을 뜻한다고 했습니다. 이번에는 des[데스]를 봅니다. 어미가 s[에스]니까 주어는 "너"가 됩니다. 마지막으로, 앞서 언급한 studeo[스투데오] 동사의 변화형을 살피며 이번 강의를 마칩니다.

어간	어미 변화	변화형태	발음	인칭	뜻
stude [스투데] 공부한다	+ o	studeo	스투데오	1단	나는 공부한다.
	+ s	studes	스투데스	2단	너는 공부한다.
	+ t	studet	스투데트	3단	그/그녀/그것이 공부한다.
	+ mus	studemus	스투데무스	1복	우리는 공부한다.
	+ tis	studetis	스투데티스	2복	너희는 공부한다.
	+ nt	student	스투덴트	3복	그들/그녀들/그것들이 공부한다.

오늘의 라틴어 한마디

Quid est enim dulcius otio litterato? (키케로*)

쿠이드 에스트 에님 둘키우스 오티오 릍테라토?

무엇이 학구적인 휴식보다 더 달콤할까요?

---

* 키케로(Marcus Tullius Cicero. 기원전 106년~기원전 43년)는 로마의 공화정을 대표하는 인물로 고전 라틴어의 표준을 이루었다고 평가받습니다. 대표작으로는 『국가론』(De re publica), 『의무론』(De officiis), 『옹변가론』(De oratore), 『카탈리나 반박문』(In Catilinam) 등이 있습니다. 한편 그는 공화정 말기에 공화정을 유지하고자 율리우스 카이사르와 대립했다가 카이사르의 승리로 로마가 제정으로 바뀌자 사면되고 맙니다.

로마의 유명한 사상가이자 철학가인 세네카(Lucius Annaeus Seneca, 기원전 4~65년)는 "두려운 것은 모르기 때문이다(Timendi causa est nescire)."라는 유명한 말을 했습니다. 이번에는 이 고전어와 조금은 더 가까워지는 차원에서 라틴어라는 언어의 특징을 배워보겠습니다. 라틴어는 어떤 특수성을 갖고 있을까요?

첫째, 라틴어는 명사의 '격'(Case)에 따른 어미 변화(곡용[曲用])가 발달해 있습니다. 현대어인 영어는 명사만 해도 격이 거의 발달해 있지 않습니다. 대명사에 가서야 그 유명한 "아이 – 마이 – 미 – 마인"(I, my, me, mine)을 외우기는 하지만 명사에서 '격'은(그리고 '성'도) 그 비중이 거의 없는 듯하고, '수'만 조금 남아 있습니다. 따라서 영어에서 어미 변화는 복수나 3인칭 단수일 때 s를 붙이는 정도에 그칩니다. 그러나 라틴어 한 단어의 어미 변화는 여섯 가지 '격'(주격, 속격, 여격, 목적격, 탈격, 호격)을 중심으로 해서 세 가지 '성'(남성형, 여성형, 중성형)과 두 가지 '수'(단수, 복수)에 따라 총 6×3×2로 36가지나 나타나게 됩니다.

둘째, 라틴어는 동사의 '법'(Mood)에 따른 변화(활용[活用])가 빈번합니다. 라틴어 동사의 문법적 요소들은 '시제'(현재, 과거, 미래, 현재완료, 과거완료, 미래완료), '태'(능동태, 수동태), '법'(직설법, 명령법, 가정법, 부정법)으로서 현대 영어의 것을 많이 공유하고 있습니다. 한편 라틴어는 직설법(indicative)과 명령법(imperative)뿐 아니라 가정법(subjunctive), 부정법(infinitive)을 사용하는 문장이 영어에 비해서 압도적으로 많습니다. 가정법은 단순히 만약의 상황을 가정하는 정도에서 그치는 것이 아니라, 문장과 문장을 연결하고 접속시킬 수 있는 다양한 논리적 구조를 만들어 줍니다. 그래서 라틴어의 가정법은 접속법이라는 말로 많이 번역됩니다. 부정법의 경우 누군가의 생각과 감정을 표현하는 간접 서술을 위해 비일비재하게 씁니다.

셋째, 라틴어는 영어에는 존재하지 않는 '미래수동분사'(Gerundive)가 있습니다. 영어와 라틴어는 둘 다 동사와 형용사의 성격을 모두 갖는 분사가 존재합니다. 한편 라틴어는 분사마다 '시제'(tempus)와 '태'(vox)를 가지고 있어서 현재분사는 능동태로만(영어 "~ing"를 연상), 과거분사는 수동태로만 쓰이고(영어 "~ed"를 연상), 미래분사의 경우에는 능동태와 수동태로 모두 사용 가능합니다. 여기서 미래수동분사라는 것이 나오는데, 그 해석은 '미래'와 '수동' 그리고 '당위'까지 모두 아울러서 "~받아야 할(되어야 할)"정도로 합니다. 영어권에서 많이 쓰이는 여자 이름인 "아만다"(Amanda)가 바로 미래수동분사(현재어간[Ama] 더하기 ndus – a – um[1, 2변화 형용사의 변화법])가 보존된 형태로서 그 뜻은 "사랑받아야 할(여자)"입니다.

어미 변화	발음	인칭	뜻
+ o	오	1인칭 단수	내가 ～ 한다.
+ s	에스	2인칭 단수	네가 ～ 한다.
+ t	티	3인칭 단수	그/그녀/그것이 ～ 한다.
+ mus	무스	1인칭 복수	우리가 ～ 한다.
+ tis	티스	2인칭 복수	너희가 ～ 한다.
+ nt	엔티	3인칭 복수	그들/그녀들/그것들이 ～ 한다.

어미 변화	발음	인칭	뜻

어미 변화	발음	인칭	뜻

si [시] 만약

me [메] 나를

esse [에쎄] 이다, 있다(영어 be동사의 원형)

moneo [모네오] 충고하다, 상기시키다

iubeo [유베오] 명령하다, 시키다

saepe [사이페] 자주, 종종

te [테] 너를

valeo [발레오] 잘 있다, 건강하다

erro [에로] 실수하다, 길을 잃다

연습문제   ※ 모든 강의 연습문제 해설은 학습영상을 참고하세요.

❶ 다음의 내용을 라틴어 발음법에 따라 읽어 보세요.

1강
학습영상

1. Salvetis.

2. Philosopia.

3. Si vales, valeo.

4. Te beatam esse iubeo.

5. Saepe monet me si erro.

❷ 동사의 어미를 보고 그에 해당하는 주어의 인칭과 수를 말하세요.

> **Valeo** [1인칭 단수]

1. Vales   [   ]

2. Monent   [   ]

3. Erro   [   ]

4. Iubet   [   ]

5. Valemus   [   ]

우정

1. Si vales, valeo.
   당신이 좋다면, 나도 좋습니다.

2. Te beatam esse iubeo.
   나는 당신이 행복하길 바랍니다.

3. Saepe monet me si erro.
   내가 실수하면 그/그녀/그것이 나에게 자주 충고해 줍니다.

2강
명사 기초 + 1변화 명사(단수)

학습목표

명사의 기초를 이해하고 **1변화 명사 단수**의 격을 구별할 수 있다.

명사 기초 + 1변화 명사(단수)

라틴어 명사

1강에서는 라틴어 동사를 잠깐 살펴봤습니다. 이번 강의에서는 명사를 배웁니다. **동사는 동작이고 무언가를 행동하는 것**이라면, **명사는 움직임이나 동작을 서술하는 것이 아니라 특정 대상을 말합니다.** '배태진'이라는 사람 이름일 수도, '서울'이라는 장소 이름일 수도, 또 '꽃'이라는 사물 이름일 수도 있습니다. 그리고 '기쁘다'나 '행복하다'처럼 상태를 서술하는 것은 형용사라고 합니다만, 이것을 '기쁨'이나 '행복'이라는 개념어로 쓰면 이 역시 '명사'라고 합니다. 즉 추상 명사입니다.

명사가 될 수 있는 것	특정된 대상 (보통명사 또는 집합명사)	물질 이름 (물질명사)
	사람이나 장소 이름 (고유명사)	추상적 개념 (추상명사)

라틴어 명사는 '격'(Case)이 매우 중요합니다.* 라틴어의 격은 일단 한국어의 '조사'를 떠올리면 쉽습니다.** 조사는 주로 명사 바로 뒤에 붙어있는 것을 뜻합니다. "선생님이"나 "선생님의" 또는 "선생님에게"라고 할 때 '이', '의', '에게' 같은 것들 말입니다. 한국어처럼 라틴어에서도 '선생님'과 같은 명사 뒤에 무언가를 붙이는 방식으로 격을 바꿔서 표현한다고 생각하면 됩니다.

그러면 라틴어에는 어떤 종류의 격들이 있을지 한국어의 예를 들어서 생각해 보겠습니다. 한국어 문장 "선생님이 꽃을 좋아하신다"를 봅시다. 맨 처음 "선생님이"에서 '이'는 '선생님'이라는 단어를 주어로 만들어 줍니다. 즉 **"선생님이"는 '주격'**(Nominative)**에 해당**됩니다. "누구 누구가 무엇을 했다"거나 "무엇 무엇이 어떠어떠하다"고 할 때 '누구 누구가' 또는 '무엇 무엇이'에 해당하는 부분이 주어 역할을 하는 주격인 것입니다.

같은 문장 "꽃을"이라는 부분을 봅시다. '을'은 '꽃'이라는 단어를 선생님이 좋아하는 대상(목적어)으로 만들어 줍니다. '을'이나 '를'이 들어 있으면 목적어인 겁니다. 즉 **"꽃을"은 '목적격'**(Accusative)입니다. 이 목적격은 주어의 대상이나 상대가 되는 격이라는 점에서 '대할 대'(對)를 한자로 사용한 '대격'으로도 부릅니다. 하지만 이 책에서는 우리에게 좀 더 친근한 용어인 '목적격'이라는 표현을 쓰겠습니다.

또 다른 문장입니다. "동민이가 선생님의 꽃을 친구에게 주었다" 앞 내용에 따르면 "동민이가"는 주격에, "꽃을"은 목적격에 해당합니다. 그런데 이 '꽃'은 누구의 꽃인가요? 선생님께 속해 있는 꽃이지요? "선생님의"에서 '의'는 꽃이라는 이 물체가

* 대표적인 현대어인 영어에서는 '성(性)'과 '격(格)'의 기능이 약화되고 주로 '수(數)'를 중심으로 (e)s와 같은 어미가 붙는 현상이 나타나고 있습니다. 반면 명사의 성/수/격 체계를 모두 갖고 있는 현대어로는 독일어와 러시아어가 있습니다. 두 언어 모두 인도유럽어족 언어에 속해 있으며, 독일어는 게르만어족, 러시아어는 슬라브어족 언어입니다(21쪽 지도참고).

** 한국어 조사는 흔히 "관계언"이라고 합니다. "관계언"은 크게 "격조사"와 "보조사" 그리고 "접속조사"로 나뉩니다. 이 중 라틴어 격은 "격조사"와 가장 가깝습니다. 14강의 정리1 에서 〈한국어 품사론과 라틴어 품사론〉를 살펴보시기 바랍니다.

누구에게 속한 것인지를 알려 줍니다. **"선생님의"**는 **'속격'**(Genitive)이라고 합니다. 한자로는 '엮을, 이을 속(屬)'을 사용합니다. 또한 라틴어의 속격은 '소유 관계'뿐 아니라 '소속 관계'나 '성질' 등 다양한 관계를 포괄적으로 수식하거나 한정해서 설명해줍니다. 우리에게 속격보다 소유격이 더 익숙하지만 이 책에서는 소유관계의 어감만을 가지고 있는 '소유격' 대신에 '속격'이라는 표현을 쓰고자 합니다. 이는 '속'격만으로도 충분히 '소유'의 의미는 연상되기 때문입니다.

같은 문장에서 "동민이가"(주격) "선생님의"(속격) "꽃을"(목적격) 누구에게 주었다고 하는지 봅시다. 바로 "친구에게"입니다. "에게"는 보통 무언가를 누구에게 주거나 행할 때 쓰는 말로, 여기서는 **"친구에게"가 주거나 행하는 대상인 '여격'**(Dative)입니다. 한자로는 '줄 여(與)'를 사용한 '여격'이며, 영어에서는 간접 목적어를 떠올리면 됩니다. 또한 라틴어에서 여격은 누군가와 관련된 일이나(~에 관하여) 그의 이익을 위한 일을 할 때(~위하여) 잘 쓰입니다. 문장 속에서 격이 어떻게 다양한 용법을 가지고 해석되는지는 「심화편」에서 더 자세하게 예문을 가지고 다루겠습니다.

지금까지 '주격', '속격', '여격', '목적격'을 살펴보았습니다. 그런데 라틴어에는 그 함축미를 잘 드러내는 격이 하나 더 있습니다. 이것은 영어에는 없는 격으로, 바로 '탈격'(Ablative)이라는 것입니다. 탈격이라는 이름은 분리됨(From)을 뜻하는 '빼앗을, 잃을 탈'(奪)과 '격'이 합쳐져서 나왔습니다. 즉 **탈격은 무언가로부터 분리되거나 이탈되는 것을 표현할 때 사용**합니다. 한편 탈격이 언제나 무언가로부터의 '분리'(From) 용법으로만 쓰이는 것은 아닙니다. 함께하는 '동반'(With)의 용법이나 '도구'(By means of)의 용법, 그리고 어느 장소 안에 있다는 '처소'(In)의 용법도 있습니다. 탈격은 다양한 방식으로 해석되는데 지금으로서는 이 정도의 쓰임을 소개하는 것에 그치기로 합니다. **이 책에서는** 우리에게 가장 일상적이라고 생각되는 번역어인 **"~와 함께"로 일단 탈격을 설명**하도록 하겠습니다.

이렇게 라틴어의 격들을 배워 보았습니다. 아직 다루지 않은 한 가지 격인 '호격'(Vocative)은 주격과 형태가 대체로 똑같기에 「심화편」에서 명령법을 배울 때 다시 다루도록 하겠습니다. 그러면 '주격', '속격', '여격', '목적격', '탈격'이 각각 의미하는 것을 정리해보도록 하겠습니다. 이번 강의의 첫 번째 〈따라쓰기〉 할 내용도 라틴어 격이 갖는 각각의 뜻이 되겠습니다.

격	뜻
주격	~가/이
속격	~의
여격	~에게
목적격	~를
탈격	~와 함께

1변화 명사(단수)

지금까지 라틴어 명사의 특성을 살펴보면서 '격'을 중심으로 한 기초적인 이론을 공부해 보았습니다. 그러면 이제는 라틴어 단어를 직접 만나서 명사 공부를 본격적으로 시작해 보도록 하겠습니다. 라틴어로 '여학생'이라는 단어는 'discipula'[디스키풀라]라고 합니다. 이 명사가 나타낼 수 있는 격들은 다음과 같습니다. "주격 – 여학생이, 속격 – 여학생의, 여격 – 여학생에게, 목적격 – 여학생을, 탈격 – 여학생과 함께"

그런데 이 다양한 격들을 우리가 어떻게 표현할 수 있을까요? 우리는 먼저 동사를 배울 때 어미만 바꾸면 주어의 인칭이 바뀐다는 것을 배웠습니다. 마찬가지로 명사에서도 어미만 바꾸면 격을 바꿀 수 있습니다. 그래서 명사에 있어 "어미 변화"는 격에 따라 나타나는 변화(일명 "격변화")라고 합니다. 즉 'discipula'[디스키풀라]라는 단어의 어미인 'a'[아]만 바꾸면 격이 달라집니다.

형태	발음	격	뜻	어미 변화
discipula	디스키풀라	주격	여학생이	a
discipulae	디스키풀라이	속격	여학생의	ae
discipulae	디스키풀라이	여격	여학생에게	ae
discipulam	디스키풀람	목적격	여학생을	am
discipula	디스키풀라	탈격	여학생과 함께	a

a[아]를 어떻게 쓰느냐에 따라 격이 바뀌는 모습을 볼 수 있지요? **이렇게 a[아]의 변화에 따라 격이 바뀌는 단어는 1변화 명사라고 합니다.**

그러면 이제 라틴어 1변화 명사를 외우는 팁을 소개해 드리도록 하겠습니다. 먼저 수직으로 빈칸 5개를 만들어 두고 시작하겠습니다. 칸을 5개 만든 이유는 한 칸에 격을 하나씩 넣을 것이기 때문입니다.

	주격
	속격
	여격
	목적격
	탈격

우리가 격을 소개할 때는 주격을 먼저 말했지만, 명사를 쉽게 외우는 팁은 아래 칸인 탈격부터 위로 올라가며 배울 것입니다. 먼저 이 자리의 어미는 a[아]를 넣어보겠습니다. 라틴어 명사는 다양한 종류가 있는데 탈격은 항상 a[아]나 o[오]나 e[에]처럼 **받침이 없는 깔끔한 소리가 나옵니다.**[*]

	주격
	속격
	여격
	목적격
a	**탈격**

---

[*] 라틴어 명사 변화는 총 5가지가 있습니다. 그중 탈격 자리에 1변화 명사는 a[아]가, 2변화 명사는 o[오]가, 3변화 명사는 e(또는 i[에 또는 이])가, 4변화 명사는 u[우]가, 5변화 명사는 e[에]가 나옵니다. 현재 설명하는 모든 내용은 '단수'에만 해당되는 것이고, '복수'격 암기 팁은 다음 강의에서 다룰 것입니다.

이어서 탈격 바로 위로 가면 목적격이 들어가야 할 칸입니다. 여기에는 am[암]을 넣을 것입니다. 라틴어 명사의 목적격에는 am[암]이나 um[움]이나 em[엠]처럼 'm'으로 끝나는 소리가 나옵니다.[**]

	주격
	속격
	여격
am	**목적격**
	탈격

***

[**] 단수 목적격 자리에 1변화 명사는 am[암]이, 2변화 명사는 um[움]이, 3변화 명사는 em[엠]이, 4변화 명사는 um[움]이, 5변화 명사는 em[엠]이 나타납니다.

목적격 위의 자리는 여격입니다. 여격은 꼭 이 형태랑 같거나 닮은 형태가 어딘가에 있습니다. 우리가 지금 다루고 있는 'discipula'[디스키풀라]같은 단어(1변화 명사)들에서는 여격이 그 위에 있는 속격하고 ae[아이]로 똑같습니다.

	주격
ae	**속격**
ae	**여격**
	목적격
	탈격

이제 맨 윗자리에는 기본형인 'discipula'[디스키풀라]에서 'a'[아]만 빼서 적어 넣으면 됩니다.

a	**주격**
	속격
	여격
	목적격
	탈격

아	a	**주격**
아이	ae	**속격**
아이	ae	**여격**
암	am	**목적격**
아	a	**탈격**

지금까지 내용을 모두 빈칸에 채우면 이렇게 됩니다. 위에서부터 순서대로 외우면 어떻게 될까요? "a[아] – ae[아이] – ae[아이] – am[암] – a[아]"입니다. 앞에서 보았던 그림으로 다시 보면 눈에 조금 더 잘 들어올 것입니다.

형태	발음	격	뜻	어미 변화
discipula	디스키풀라	주격	여학생이	a
discipulae	디스키풀라이	속격	여학생의	ae
discipulae	디스키풀라이	여격	여학생에게	ae
discipulam	디스키풀람	목적격	여학생을	am
discipula	디스키풀라	탈격	여학생과 함께	a

이것이 1변화 명사인 'discipula'의 어미 변화입니다. 여기서 형태 변화에 상관없이 언제나 고정되어 있는 'discipul'[디스키풀]이 이 단어의 '어간'(語幹)입니다. 모든 변화에서 변하지 않는 부분을 나타내는 이 '어간'이라는 말도 앞으로 잘 기억하도록 합니다.

또한 라틴어 단어는 어미 변화가 여러 가지 방식으로 나타나기에 어떤 단어이든 최소한 "주격 – 속격, 뜻"까지는 반드시 함께 외워두어야 합니다. 현재는 우리가 주격에서 속격으로 변할 때 a – ae[아 – 아이]로 바뀌는 단어 즉, 1변화 명사를 공부했습니다. 이렇게 a – ae[아 – 아이]로 바뀌면 나머지 어미 변화도 위의 표처럼 변화한다고 생각하면 됩니다.

위 단어로 말하자면 "discipula – discupulae 여학생"이라고 하면 이 단어의 모든 격의 변화를 나타낼 수 있게 된 겁니다.

이번 강의 두 번째 〈따라쓰기〉 할 내용은 "1변화 명사 단수의 어미 변화"입니다 (위에서 여학생이 한 명[단수]일 때 어미 변화를 배웠기에 단수라고 하는 겁니다).

"a[아] – ae[아이] – ae[아이] – am[암] – a[아]"입니다.

여기서 잠깐! 이 시점에서 무언가 염려되는 점을 발견하신 분이 계실지도 모릅니다. 주격과 탈격이 a[아]로 같고, 또 속격도 여격도 ae[아이]로 같다는 점 때문입니다. 같은 형태로 나타난 서로 다른 격들은 어떻게 구별할 수 있을까요? 즉 어미가

ae[아이]로 들어간 'discipulae'[디스키풀라이]는 속격인가요? 여격인가요?

정답은 "둘 다 된다"입니다.

문맥과 상황을 보면 사실 한 가지를 어렵지 않게 결정할 수 있습니다. 꾸준한 연습이 있으면 실제 상황에서는 '내가 어떤 의미로 번역할지 골라야 하는' 난감한 일이 없을 것이라 생각하면 되겠습니다. 이해를 돕기 위해 한국어와 라틴어를 혼용해서 이런 문장을 만들어 보도록 하겠습니다.

"그 discipula[디스키풀라] 꽃을 좋아한다"

여기서 discipula는 "여학생과 함께"가 아니라 "여학생이"가 되어야 자연스럽습니다. 일반적으로 "그 여학생이 꽃을 좋아한다"가 매끄러운 문장이기 때문입니다. 즉 몇 가지 가능한 번역의 방법이 있을 때에는 문맥에 더 맞고 자연스러운 것을 생각하면 됩니다. 우리가 띄어쓰기가 제대로 되어 있지 않은 문장인 "아버지가방에들어가신다"를 볼 때, "아버지 가방에 들어가신다"가 아니라 "아버지가 방에 들어가신다"로 쉽게 이해하듯이 말입니다. 이것은 우리가 한국어에 익숙하기 때문일 것입니다. 라틴어에서 격의 형태가 같은 경우도, 연습을 통해 자연스럽게 해석할 수 있게 됩니다.

오늘의 라틴어 한마디

Repetitio est Mater Memoriae.

레페티티오 에스트 마테르 메모리아이.

반복은 기억의 어머니다.

❶ 라틴어 격이 갖는 각각의 뜻은 무엇인가요?

격	뜻	격	뜻	격	뜻
주격	~가/이				
속격	~의				
여격	~에게				
목적격	~를				
탈격	~와 함께				

❷ 1변화 명사 단수의 어미 변화

a[아] – ae[아이] – ae[아이] – am[암] – a[아]

a	주격	a		a	
ae	속격	ae		ae	
ae	여격	ae		ae	
am	목적격	am		am	
a	탈격	a		a	

aqua – aquae [아쿠아 – 아쿠아이] 물

fama – ae [파마 – 파마이] 명성, 소문

ira – ae [이라 – 이라이] 화, 분노

anima – ae [아니마 – 아니마이] 영혼, 숨

victoria – ae [빅토리아 – 빅토리아이] 승리

porta – ae [포르타 – 포르타이] 문, 입구

rosa – ae [로사 – 로사이] 장미

fortuna – ae [포르투나 – 포르투나이] 행운, 운명

Roma – ae [로마 – 로마이] 로마

regina – ae [레기나 – 레기나이] 여왕

via – ae [비아 – 비아이] 길

memoria – ae [메모리아 – 메모리아이] 기억

---

* 라틴어 명사는 사전형으로 단어를 "주격 – 속격 뜻" 순서로 기재합니다. 단, 주격은 형태를
생략하지 않되 속격은 어간을 생략하고 어미(가령 ae[아이])만을 적습니다. 따라서 우리가
읽고 외울 때는 어휘에 나와 있는 첫 번째 단어처럼 "aqua – aquae 물" 그대로를 다 발음해
서 해야 하고, 기재할 때는 두 번째 이후 단어와 같이 "완전한 주격 형태 – 속격 어미"의 방
법으로 하면 됩니다.

2강
학습영상

※ 모든 강의 연습문제 해설은 학습영상을 참고하세요.

❶ 먼저 동사 어미를 잠시 복습하겠습니다. 동사의 어미를 보고 주어의 인칭과 수, 그리고 그
에 따른 뜻을 말하세요.

> **Vale** [잘 지낸다]   **Valeo** [1인칭 단수 / 나는 잘 지낸다]

1. Vola [날아간다]   Volat   [/   ]
2. Debe [해야 한다]   Debemus [/   ]

❷ 명사의 어미를 보고 (이번 강의에서 배운 격 중에) 가능한 격과 뜻을 모두 적어보세요.

> **Aquae** [속격 – 물의 / 여격 – 물에게]

1. Rosae   [   ]

2. Fama   [   ]

3. Iram   [   ]

4. Animam   [   ]

5. Victoriae   [   ]

6. Via   [   ]

7. Memoriae   [   ]

라틴어 표현 익히기

※ 라틴어 발음표기와 해설은 학습영상을 참고하세요.

숙고

1. Fama volat. (베르길리우스*)

   소문은 날아다닙니다.

2. Debemus iram vitare. (세네카**)

   우리는 분노를 피해야 합니다.

3. Repetitio est Mater Memoriae.

   반복은 기억의 어머니입니다.

---

* 베르길리우스(Publius Vergilius Maro, 기원전 70년~기원전 19년)는 『아이네이스』를 지은 고대 로마 공화정 말기의 작가입니다. 로마 서사시의 절정으로 칭송받는 그를, 히포의 아우구스티누스(Augustinus)는 『신의 도성』(De civitate Dei)에서 "위대한 시인이자 모든 시인 중에서 가장 유명하고 훌륭하다(poeta magnus omniumque praeclarissimus atque optimus)"라고 했고, 로마의 수사학자 퀸틸리안(Quintilian)은 『수사학 이론』(Institutio Oratoria)에서 베르길리우스를 호메로스에 버금가는 이로 드높였습니다. 또한 중세 작품임에도 이탈리아 문학의 꽃으로 여겨지는 『신곡』에서 단테 알리기에리(Dante Alighieri)는 베르길리우스를 로마 시인의 대표자로서 지옥을 안내하는 자로 내세운 바 있습니다.

** 세네카(Lucius Annaeus Seneca, 기원전 4년~65년)는 로마가 제국일 당시의 초기 사상가입니다. 세네카는 네로 황제가 어릴 적엔 그를 지도했으나 네로가 폭정을 벌이면서부터 거리를 두게 되었습니다. 그리고 생의 마지막은 네로의 명으로 인해 자살로 끝마쳤다고 알려집니다. 그럼에도 그는 생전에 고전으로 위대한 철학책들을 남겼고 탁월한 웅변가이자 시인으로도 활동했습니다. 대표작으로 『행복한 삶에 관하여』(De vita beata), 『분노에 대하여』(De Ira), 『오이디푸스』(Oedipus), 『아가멤논』(Agamemnon) 등이 있습니다.

3강
1변화 명사(복수)

학습목표 ···

1변화 명사 복수의 격을 구별할 수 있다.

1변화 명사(복수)

우리가 지난 강의에 배웠던 명사의 격에 관한 내용은 단수 명사, 그러니까 가령 여학생이 한 명일 경우였습니다. 여학생 한 명에 대해서 "여학생이 – discipula[디스키풀라], 여학생의 – disipulae[디스키풀라이], 여학생에게 – disipulae[디스키풀라이], 여학생을 – disipulam[디스키풀람], 여학생과 함께 – disipula[디스키풀라]"로 각각 변한 것입니다.

이번 강의는 복수 명사를 배웁니다. 여학생이라면 두 명 이상을 말하는 경우입니다. 즉 "여학생들이", "여학생들의", "여학생들에게", "여학생들을", "여학생들과 함께"를 표현하는 법을 배웁니다.

형태	발음	격	뜻	어미 변화
discipulae	디스키풀라이	주격	여학생들이	ae
discipularum	디스키풀라룸	속격	여학생들의	arum
discipulis	디스키풀리스	여격	여학생들에게	is
discipulas	디스키풀라스	목적격	여학생들을	as
discipulis	디스키풀리스	탈격	여학생들과 함께	is

먼저 배웠던 1변화 명사 단수의 어미 변화를 기억하시나요? 이처럼 a – ae로 변하는 명사를 1변화 명사라고 했습니다.

이제 1변화 명사 복수의 어미 변화를 외우는 팁을 알아보겠습니다. 단수 명사는 맨 아래인 탈격에서부터 외우는 팁을 알려드렸지만, **복수 명사 외우는 방법은 맨 위인 주격에서부터 시작합니다.**

라틴어 명사의 복수 주격은 (왼쪽 아래 대각선 방향에 있는) 단수 속격과 같거나 닮은 경우가 많습니다. 단수 속격에 있던 ae[아이]를 복수 주격에 넣어 보겠습니다.*

이어서 복수 주격에서 한 칸 밑으로 내려와 복수 속격으로 가보겠습니다.

---

* 라틴어 명사 변화는 총 5가지 유형이 있습니다. 다음은 각 유형의 단수 속격과 복수 주격을 비교한 표입니다(중성형 제외). 3변화와 5변화에서는 알파벳 하나씩의 차이가 있지만, 대체로 거의 비슷합니다(하지만 너무 어렵다고 느껴지면 가볍게 지나가기로 합니다. 다음에 이 명사 변화들은 다시 차근히 배우도록 할 겁니다).

구분	단수 속격	복수 주격
1변화 명사	**ae**	ae
2변화 명사	**i**	i
3변화 명사	**is**	es
4변화 명사	**us**	us
5변화 명사	**es**	es

격	어미 변화 (단수)	발음
주격	a	아
속격	ae	아이
여격	ae	아이
목적격	am	암
탈격	a	아

격 ＼ 수	단수	복수
주격		주격
속격		
여격		
목적격		
탈격	탈격	

격 ＼ 수	단수	복수
주격	a	ae
속격	ae	
여격	ae	
목적격	am	
탈격	a	

격 ＼ 수	단수	복수
주격	a	
속격	ae	
여격	ae	
목적격	am	
탈격	a	

단수에서는 맨 밑의 탈격에서 한 칸 위인 목적격으로 갈 때 m소리가 생겼던 것을 기억하시나요? 복수 주격에서 복수 속격으로 한 칸 이동할 때 역시 m소리가 나타나게 됩니다. 단수 탈격 a[아]에서 한 칸 이동할 때는 am[암]이 됐는데 복수 주격 ae[아이]에서 한 칸 이동할 때는 arum[아룸]이 됩니다.*

* 이 책에 나오는 모든 외우는 팁은 암기를 돕기 위해 제가 만든 저만의 설명 방식입니다. 그러기에 라틴어를 처음 배우는 시점에서 '왜 그렇게 변하는 것인가?'라는 언어학적 원리를 벌써부터 고민할 필요는 없습니다.

단수 목적격	am
단수 탈격	a
단수 주격	ae
단수 속격	arum

+ m소리

빈칸 안에 채워보면 다음과 같이 됩니다.

이제 세 칸이 남았습니다. 먼저 이 세 칸 중 단수 여격에서와 같이 복수 여격도 이 형태와 같거나 닮은 형태가 어딘가에 있다는 점을 기억하면 됩니다.

격 \ 수	단수	복수
주격		ae
속격		arum
여격		
목적격	am	
탈격	a	

+ m소리

다시 말해서 복수 여격은 복수 탈격과 형태가 같습니다. 그런데 이 복수의 마지막 세 칸은 그냥 언제나 한 세트로 기억하기로 합니다.

격 \ 수	단수	복수
주격		
속격		
여격		is
목적격		as
탈격		is

이 세 칸에서 처음 칸과 마지막 칸인 복수 여격과 탈격은 is[이스]로 완전히 같습니다. 그리고 이 형태와 중간 칸에 들어가는 복수 목적격은 마지막 알파벳이 as[아스]로

같습니다.* 복수 여격과 목적격과 탈격에 들어갈 형태인 is[이스] - as[아스] - is[이스]를 각각의 칸에 한꺼번에 넣어 보겠습니다. 이제 단수와 복수 모든 칸이 다 채워졌습니다.

* 1, 2, 3, 4, 5변화 명사의 복수 여격과 목적격과 탈격을 각각 살펴봅니다.

격＼수	어미 변화 (단수)	발음	어미 변화 (복수)	발음
주격	a	아	ae	아이
속격	ae	아이	arum	아룸
여격	ae	아이	is	이스
목적격	am	암	as	아스
탈격	a	아	is	이스

구분	복수 여격	복수 목적격	복수 탈격
1변화 명사	is	as	is
2변화 명사	is	os	is
3변화 명사	ibus	es	ibus
4변화 명사	ibus	us	ibus
5변화 명사	ebus	es	ebus

위의 표처럼 변화하는 a[아]가 중심모음인 명사는 '1변화 명사'입니다. 지난 강의에서 "1변화 명사 단수의 어미 변화"로 〈따라쓰기〉를 했을 겁니다. 이번 강의에서는 "1변화 명사 복수의 어미 변화"로 〈따라쓰기〉를 하게 됩니다.

> **1변화 명사 단수** (a - ae - ae - am - a)

> **1변화 명사 복수** (ae - arum - is - as - is)

1변화 명사 '여학생'의 모든 어미 변화를 살펴보며 이번 강의를 마칩니다.

형태	발음	격	뜻	어미 변화
discipula	디스키풀라	주격	여학생이	a
discipulae	디스키풀라이	속격	여학생의	ae
discipulae	디스키풀라이	여격	여학생에게	ae
discipulam	디스키풀람	목적격	여학생을	am
discipula	디스키풀라	탈격	여학생과 함께	a

형태	발음	격	뜻	어미
discipulae	디스키풀라이	주격	여학생들이	ae
discipularum	디스키풀라룸	속격	여학생들의	arum
discipulis	디스키풀리스	여격	여학생들에게	is
discipulas	디스키풀라스	목적격	여학생들을	as
discipulis	디스키풀리스	탈격	여학생들과 함께	is

오늘의 라틴어 한마디

pro memoria!

프로 메모리아!

기억을 위하여!

보충학습 1변화 명사 격 어미의 장음과 단음

1변화 명사 단수에서는 시작점인 탈격에 있는 격 어미 a[아]만 장음이고, 나머지는 단음으로 구성됩니다. 복수에서는 주격에 있는 격 어미 ae[아이]만 단음이고, 나머지는 장음이 들어있습니다. 시작점과 나머지가 반대이기에 기억하기 용이할 것입니다. 이처럼 장음과 단음을 기재할 경우 단수 주격과 단수 탈격을 구분할 수 있게 됩니다.

격 ＼ 수	단수	복수
주격	a (단음)	ae (단음)
속격	ae (단음)	ārum (장음)
여격	ae (단음)	īs (장음)
목적격	am (단음)	ās (장음)
탈격	ā (장음)	īs (장음)

장음은 단음의 두 배 정도 길이로 발음합니다. 하지만 라틴어를 처음 공부할 때는 소리의 길이까지 크게 신경 쓰지 않아도 됩니다.

보충학습 1변화 명사 여격과 같거나 비슷한 것

1변화 명사 단수를 다룰 때도 목적격에서 한 칸 올라간 여격은, 이 형태와 같거나 닮은 것이 어딘가에 있다고 했습니다. 또한 복수 속격에서 한 칸 내려가는 여격에서도 같거나 닮은 형태가 또 어딘가에 등장합니다.

단수 여격	근처 어딘가에 같거나 비슷한 형태가 있다
단수 목적격	am
단수 탈격	a
단수 주격	ae
단수 속격	arum
복수 여격	근처 어딘가에 같거나 비슷한 형태가 있다

(+ m소리)

(+ m소리)

단수부터 살펴보면, 단수 여격은 한 칸 위에 있는 단수 속격과 같습니다.

격 \ 수	단수	복수
주격		
속격	ae	
여격	ae	
목적격		
탈격		

이번에는 복수를 보겠습니다. 복수 여격은 두 칸 아래에 있는 복수 탈격과 같습니다.

참고로, 다른 모든 명사 유형에서도 복수 여격은 복수 탈격과 같아집니다. 그러나 단수 여격은 단수 속격과 언제나 같지는 않습니다.

격 \ 수	단수	복수
주격		
속격		
여격		is
목적격		
탈격		is

1변화 명사 복수의 어미 변화

ae[아이] – arum[아룸] – is[이스] – as[아스] – is[이스]

ae	주격
arum	속격
is	여격
as	목적격
is	탈격

ae	
arum	
is	
as	
is	

ae	
arum	
is	
as	
is	

schola – ae [스콜라 – 스콜라이] 학교

aura – ae [아우라 – 아우라이] 공기

philosophia – ae [필로소피아 – 필로소피아이] 철학

puella – ae [푸엘라 – 푸엘라이] 소녀

hora – ae [호라 – 호라이] 시간

fabula – ae [파불라 – 파불라이] 이야기, 연극

mora – ae [모라 – 모라이] 지체, 기다림

cura – ae [쿠라 – 쿠라이] 돌봄, 관심

vita – ae [비타 – 비타이] 생명, 삶

discipula – ae [디스키풀라 – 디스키풀라이] 여학생

sapientia – ae [사피엔티아 – 사피엔티아이] 지혜

❶ 동사의 어미를 복습하는 시간입니다. 동사의 어미를 보고 주어의 인칭과 수, 그리고 그에 따른 뜻을 쓰세요.

> Vale [잘지낸다]　Valeo [1인칭 단수 / 나는 잘 지낸다]

1. Dare [준다]　　　Dant　　[　　　　　　/　　　　　　　　]
2. Discere [배우다]　Discimus [　　　　　　/　　　　　　　　]

❷ 다음을 보고, 1변화 명사 단수와 복수로 가능한 각각의 격과 뜻을 적어 보세요.

> Aquae [단수 속격 – 물의 / 단수 여격 – 물에게 / 복수 주격 – 물들이]

1. Schola　　　[　　　　　　　　　　　　　　　　　]
2. Moras　　　[　　　　　　　　　　　　　　　　　]
3. Auris　　　[　　　　　　　　　　　　　　　　　]
4. Cura　　　[　　　　　　　　　　　　　　　　　]
5. Philosophiae [　　　　　　　　　　　　　　　　　]
6. Vitae　　　[　　　　　　　　　　　　　　　　　]
7. Puellarum　[　　　　　　　　　　　　　　　　　]
8. Sapientiam　[　　　　　　　　　　　　　　　　　]

철학

1. Philosophiae est ars vitae. (세네카)
   철학은 삶의 기술입니다.

2. Me philosophiae do. (세네카)
   나는 철학에 전념합니다. (나는 나 자신을 철학에게 줍니다)

3. Non scholae sed vitae discimus. (세네카)
   우리는 학교가 아닌 삶을 위해 배웁니다.

4강
2변화 명사

2변화 명사

2변화 명사(단수)

명사는 어미가 변화되는 방식에 따라 다섯 가지로 분류할 수 있습니다. 그렇지만 변화 방식이 다섯 개나 된다는 것에 너무 충격 받을 필요는 없습니다. 1변화 명사의 암기 팁을 적용하면 다른 명사 변화도 쉽게 배울 수 있기 때문입니다.

앞에서 "discipula"(여학생[디스키풀라])라는 단어를 가지고 어미가 "a(주격) – ae(속격)"으로 바뀌는 1변화 명사를 공부했습니다. 이번에는 유사한 단어인 "discipulus"(남학생[디스키풀루스])라는 단어로 2변화 명사 즉 **어미 변화가 us**[우스] – **i**[이]로 진행되는 **명사**를 배워 보겠습니다.

1변화 명사와 마찬가지로 먼저 빈칸 다섯 개를 만든 뒤 채워 나가며 공부하겠습니다. 2변화 명사 단수에서 처음에 채워 넣을 칸은 단수 탈격이 들어가는 맨 아래 칸입니다.

1변화 명사에서도 그랬듯이 단수 탈격은 항상 a[아]나 o[오] 또는 e[에]처럼 받침이 없는 깔끔한 소리가 나온다고

	주격
	속격
	여격
	목적격
o	탈격

했습니다. 2변화 명사에서는 단수 탈격에 2변화 명사의 중심모음인 o[오]가 들어갑니다.

그리고 탈격 바로 위는 목적격이 들어가는 칸입니다. 여기에는 탈격 o[오] 대신에, 그것과 가까운 u[우] 소리에 m을 더해서 넣습니다.*

1변화 명사 목적격이 am[암]이었는데, 2변화 명사 목적격은 um[움]이 되었습니다. 또 한 칸 위로 올라가서, 목적격 위의 자리인 여격으로 왔습니다.

	주격
	속격
	여격
um	**목적격**
	탈격

* 14강의 정리2 에서 〈라틴어 음운론–모음삼각도〉 중 o[오]와 u[우] 소리가 가까운 것을 확인하시기 바랍니다.

이 세 번째 칸인 여격에는 이것과 같거나 닮은 것이 근처 어딘가에 있다고 했습니다. 1변화 명사에서는 여격이 그 위의 칸인 속격과 같아졌는데, 2변화 명사에서는 두 칸 밑에 있는 칸인 탈격과 같아집니다.

1변화 명사	단수	복수
주격	a	ae
속격	ae	arum
여격	ae	is
목적격	am	as
탈격	a	is

이렇게 해서 두 번째 칸인 속격까지 도착했습니다.

여기서 잠깐! 앞서 1변화 명사에서 단수 속격과 복수 주격이 같다고 한 것을 기억하시나요?

	주격
	속격
o	**여격**
	목적격
o	**탈격**

	주격
	속격
o	여격
um	목적격
o	탈격

격＼수	단수	복수
주격	a	ae
속격	ae	
여격	ae	
목적격	am	
탈격	a	

[1변화 명사의 단수 속격 → 복수 주격]

격＼수	단수	복수
주격		i
속격	i	
여격		
목적격		
탈격		

[2변화 명사의 단수 속격 → 복수 주격]

2변화 명사에서도 단수 속격 대각선 위로 있는 복수 주격이 i[이]로 똑같습니다. 즉 다음과 같습니다.

격＼수	단수	복수
주격		i
속격	i	
여격	o	
목적격	um	
탈격	o	

그리고 우리가 지금 변화 방법을 배우고 있는 단어가 "discipulus"(남학생[디스키풀루스])였지요? 그러면 2변화 명사의 기본형인 주격(맨 위 칸)은 us[우스]가 들어가면 되겠습니다.

격＼수	단수	복수
주격	us	
속격		
여격		
목적격		
탈격		

이렇게 2변화 명사 단수의 어미 변화가 모두 완성됐습니다.

이번 강의 첫 번째 〈따라쓰기〉를 할 내용은 격 어미가 us[우스]로 시작하는 2변화 명사의 단수 어미 변화입니다. "2변화 명사 단수의 어미 변화"는 "us[우스] – i[이] – o[오] – um[움] – o[오]"입니다.

격＼수	단수	복수
주격	us	i
속격	i	
여격	o	
목적격	um	
탈격	o	

2변화 명사(복수)

앞에서 2변화 명사 단수에 대해 배웠습니다. 이어서 2변화 명사 복수를 공부해 보도록 합니다. 1변화 명사에서 단수 탈격에서 목적격으로 올라갈 때 m소리가 추가되고, 복수 주격에서 속격으로 내려갈 때 m소리가 추가된 것을 기억할 겁니다. 2변화 명사도 그렇게 진행됩니다.

구분	1변화 명사		2변화 명사	
	단수	복수	단수	복수
주격	a	ae　+ m소리	i	i　+ m소리
속격	ae	arum	i	orum
여격	ae	is	o	is
목적격	am	ae	um	os
탈격	a	is　+ m소리	o	is　+ m소리

1변화 명사처럼 2변화 명사도 단수 탈격에서 목적격으로 한 칸 이동할 때 m소리가 생겼듯, 복수 주격에서 속격으로 한 칸 이동할 때도 m소리가 나타납니다. 1변화 명사의 두 번째 자리는 arum[아룸]이었는데, 2변화 명사의 두 번째 자리는 orum[오룸]입니다.

격＼수	단수	복수
주격	us	i
속격	i	orum
여격	o	
목적격	um	
탈격	o	

1변화 명사의 중심모음이 a[아]이고 복수 속격이 a – rum[아룸]이 되었듯, 2변화 명사의 복수 속격은 중심모음인 o[오]를 사용해서 o – rum[오룸]이 되었습니다.

격＼수	단수	복수
주격	us	i
속격	i	orum
여격	o	
목적격	um	
탈격	o	

마지막 세 칸까지 왔습니다. 이 세 칸은 언제나 한 세트로 생각하는 것이 좋다고
했습니다.

먼저 1변화 명사 때와 같이 복수 여격
과 탈격이 같을 겁니다(is). 그리고 목적
격과는 마지막 알파벳이 같게 됩니다(os).
1변화 명사에서는 is[이스] – as[아스] – is[이
스]를 넣었는데, 2변화 명사에서는 is[이
스] – os[오스] – is[이스]를 넣습니다. 세 칸
을 한꺼번에 채워 보도록 하겠습니다.

격＼수	단수	복수
주격	us	i
속격	i	orum
여격	o	is
목적격	um	os
탈격	o	is

이렇게 해서 2변화 명사의 모든 칸이 다 채워졌습니다.

격＼수	어미 변화 (단수)	발음	어미 변화 (복수)	발음
주격	us	우스	i	이
속격	i	이	orum	오룸
여격	o	오	is	이스
목적격	um	움	os	오스
탈격	o	오	is	이스

1변화 명사와 2변화 명사 어미 변화 총정리는 14강 [정리 3 – 1]과 [정리 3 – 2]에서 확
인할 수 있습니다.

이번 강의 두 번째 〈따라쓰기〉는 "2변화 명사의 복수 어미 변화"로 진행됩니다.

"i[이] – orum[오룸] – is[이스] – os[오스] – is[이스]"

지금까지 1변화 명사와 2변화 명사를 배웠습니다. 여학생(discipula[디스키풀라])과
남학생(discipulus[디스키풀루스])의 모든 어미 변화를 정리하면 다음과 같습니다.

명사 유형		1변화 명사		2변화 명사		
		어미 변화	예시 단어 (여학생)	어미 변화	예시 단어 (남학생)	발음
단수	주격	a	discipula	us	discipulus	디스키풀루스
	속격	ae	discipulae	i	discipuli	디스키풀리
	여격	ae	discipulae	o	discipulo	디스키풀로
	목적격	am	discipulam	um	discipulum	디스키풀룸
	탈격	a	discipula	o	discipulo	디스키풀로
복수	주격	ae	discipulae	i	discipuli	디스키풀리
	속격	arum	discipularum	orum	discipulorum	디스키풀로룸
	여격	is	discipulis	is	discipulis	디스키풀리스
	목적격	as	discipulas	os	discipulos	디스키풀로스
	탈격	is	discipulis	is	discipulis	디스키풀리스

앞서 라틴어 명사는 변화 방법이 다양하기에 "주격 – 속격, 뜻"까지는 꼭 외워야 한다고 했습니다. 그래서 1변화 명사는 "a – ae, 해당 단어의 뜻"까지를 외워야 모든 어미 변화를 만들 수 있었습니다. 마찬가지로 이번에 2변화 명사를 외울 때는 "us – i, 해당 단어의 뜻"까지를 기억해야 합니다. 즉 "discipulus[디스키풀루스] – discipuli[디스키풀리] 남학생"입니다. 이를 사전형으로는 속격의 어간을 축약해서 "discipulus – i 남학생"으로 기재합니다.

라틴어 단어의 성(性)

2변화 명사를 마무리하는 시점에서 한 가지 더 배울 것이 남았습니다. 바로 라틴어 단어의 성(性)에 관한 것입니다. 한국어에도 단어 자체가 남성이거나 여성인 것이 있다는 사실을 먼저 생각해 보겠습니다. 예를 들어 '소년'이라고 하면 언제나 남자 단어입니다. 또 '소녀'라고 하면 여자 단어입니다. 마찬가지로 '여왕'이라는 라틴어 단어는 regina[레기나]라는 여성형 단어입니다. 이렇게 단어 자체가 자연스럽게 성을 가지고 있는 것은 '자연적 성'을 가진다고 합니다.

한편 문제는 '문법적 성'이라는 것에 있습니다. 앞에서 본 것처럼 남자라서, 또는 여자라서 남성형이거나 여성형 단어일 수가 있지만, 어떤 경우는 남자든 여자든 아무 상관없이 성을 갖습니다. 단어 자체가 성을 드러내지 않지만 여성형이나 남성형 그리고 심지어 중성형을 가질 수도 있다는 것입니다.

가령 '문'을 뜻하는 porta[포르타]라는 단어는 남성형일까요? 여성형일까요? '바람' 또는 '공기'를 뜻하는 aura[아우라]는요? 우리 일상 속 단어인 '음식'을 뜻하는 cibus[키부스]나 '선물'을 뜻하는 donum[도눔]는 성이 어떻게 될까요? porta[포르타]와 aura[아우라]는 여성형, cibus[키부스]는 남성형, donum[도눔]은 중성형입니다. 물론 이 단어들이 실제로 남성이나 여성의 성적 특징을 갖는다는 것은 아닙니다. 그래서 우리는 이것을 자연적으로 성을 갖는 것이 아니라 문법적으로 성을 갖는다고 해서 '문법적 성'이라고 하는 것입니다. 이렇게 우리는 라틴어 명사를 접할 때 이 명사가 언제나 자연적 성이든 문법적 성이든 성을 갖고 있다는 점을 기억해야 합니다. 모든 라틴어 명사는 성을 갖고 있으며 따라서 그 명사를 꾸며 주거나 수식하는 형용사와도 성을 맞춰 주어야 합니다(또 형용사는 명사의 수와 격까지 모두 명사와 일치시켜야 합니다).

우리가 먼저 배운 두 단어를 떠올려 보겠습니다. discipula(여학생[디스키풀라])나 discipulus(남학생[디스키풀루스]) 말입니다. 이 두 단어는 뜻을 통해 무엇이 여성형 단어인지 무엇이 남성형 단어인지 알 수 있는 '자연적 성'을 가지고 있습니다. 즉 discipula[디스키풀라]는 여성형 단어이고, discipulus[디스키풀루스]는 남성형 단어입니다. 앞서 앞 단어는 a가 중심모음인 1변화 명사, 뒷 단어는 o가 중심모음인 2변화 명사라고 밝힌 바 있습니다. 이번에는 그 점을 반영해서 다음과 같은 표를 만들어 보겠습니다.

명사 유형		1변화 명사	2변화 명사
예시 단어	단어	discipula	discipulus
	뜻	여학생	남학생
	성	여성형 단어	남성형 단어
어미 변화	단수	a-ae-ae-am-a	us-i-o-um-o
	복수	ae-arum-is-as-is	i-orum-is-os-is

이렇게 명사의 유형을 살펴볼 때는 어미 변화와 성을 함께 생각하게 됩니다. 즉 a-ae로 어미가 바뀌는 1변화 명사는 (대부분) 여성형 단어이고, us-i로 바뀌는 2변화 명사는 (대부분) 남성형 단어입니다.

> **1변화 명사 ···▶ 어미가 a-ae…로 바뀐다** : (일반적으로) 여성형 단어

> **2변화 명사 ···▶ 어미가 us-i…로 바뀐다** : (일반적으로) 남성형 단어

한편 a-ae…로 바뀌는 1변화 명사인데도 남성형인 단어가 아예 없는 것은 아닙니다. 그러나 그런 경우는 매우 드물기에, 1변화 명사 중 남성형인 단어는 나올 때마다 예외적인 경우로 생각하면서 외우기로 합니다. 대표적으로 nauta(선원[나우타]), agricola(농부[아그리콜라]), incola(거주민[인콜라]), poeta(시인[포에타]) 정도가 a-ae…로 어미가 변화하는 1변화 명사의 남성형 단어입니다.

그리고 2변화 명사의 경우 또 한 가지 기억할 성(姓)이 있습니다. 바로 2변화 명사이면서 중성형인 단어입니다. 하지만 중성형은 구별되는 것이 분명하고 외울 것은 없기에 부담을 가질 필요는 없습니다.

2변화 명사 중성형 단어에서는 항상 두 가지 사실만 기억하면 됩니다.

2변화 명사 중성형 단어의 규칙
1. 중성형 단어는 단수이든 복수이든, **주격과 목적격이 항상 같다.**
2. 중성형 단어의 **복수 주격과 목적격은 항상 a[아]이다.**

표를 통해 남성형 단어와 중성형 단어의 어미 변화를 비교해 보도록 합니다.

구분		남성형	중성형	
단수	주격	us	um	움
	속격	i	i	이
	여격	o	o	오
	목적격	um	um	움
	탈격	o	o	오
복수	주격	i	a	아
	속격	orum	orum	오룸
	여격	is	is	이스
	목적격	os	a	아
	탈격	is	is	이스
공통점		2변화 명사		

이번 강의 세 번째 〈따라쓰기〉는 "2변화 명사 중성형 단수의 어미 변화"를 연습합니다.

"um[움] – i[이] – o[오] – um[움] – o[오]"

그리고 네 번째 〈따라쓰기〉는 "2변화 명사 중성형 복수의 어미 변화"입니다.

"a[아] – orum[오룸] – is[이스] – a[아] – is[이스]"

다음의 내용은 그동안 배운 내용을 총정리하는 표입니다. 그동안의 강의 중 이번 강의가 외우고 따라 쓸 것이 가장 많은 시간이었을 것 같습니다. 고생 많았습니다.

구분		1변화 명사		2변화 명사				
성		여성형		남성형		중성형		
예시 단어		어미 변화	여학생	어미 변화	남학생	어미 변화	선물	발음
단수	주격	a	discipula	us	discipulus	um	donum	도눔
	속격	ae	discipulae	i	discipuli	i	doni	도니
	여격	ae	discipulae	o	discipulo	o	dono	도노
	목적격	am	discipulam	um	discipulum	um	donum	도눔
	탈격	a	discipula	o	discipulo	o	dono	도노
복수	주격	ae	discipulae	i	discipuli	a	dona	도나
	속격	arum	discipularum	orum	discipulorum	orum	donorum	도노룸
	여격	is	discipulis	is	discipulis	is	donis	도니스
	목적격	as	discipulas	os	discipulos	a	dona	도나
	탈격	is	discipulis	is	discipulis	is	donis	도니스

오늘의 라틴어 한마디

Per aspera ad astra

페르 아스페라 아드 아스트라

역경을 헤쳐 별을 향해

❶ 2변화 명사 중에는 주격이 -er로 끝나는 단어가 있습니다.

가령 소년을 뜻하는 단어인 puer[푸에르]는 2변화 명사입니다. 이 단어는 주격만 us가 없을 뿐 나머지는 앞서 배운 2변화 명사의 변화 방법과 같습니다. 그러니까 주격 외에 어미는 어간인 puer에 주격 어미 us 대신에 i, o, um, o… 를 넣어 주면 됩니다.

즉 puer[푸에르] – pueri[푸에리] – puero[푸에로] – puerum[푸에룸] – puero[푸에로]…입니다.

결론적으로 -er로 끝나는 단어는 주격만 us가 생략된 형태라고[가령 puerus→puer] 생각하면 됩니다. 이 단어는 사전형으로 "puer[푸에르] – pueri[푸에리] 소년"이라고 씁니다.

❷ 덧붙여, 2변화 명사로서 -er로 끝나고 변화 방법도 위의 경우와 같지만, 어미 -er의 e가 생략되며 변하는 단어들이 있습니다.

가령 책을 뜻하는 2변화 명사의 변화형은 다음과 같습니다.

liber[리베르] – libri[리브리] – libro[리브로] – librum[리브룸] – libro[리브로]….

즉 liber[리베르]의 e[에]가 생략되면서 libr를 어간으로 변화하고 있습니다.

이 단어의 사전형은 "liber[리베르] – libri[리브리] 책"입니다.

❶ 유형과 ❷ 유형은 사전형에서 e가 유지되면서 변화하는 경우와 그렇지 않은 경우를 나타냅니다. 그런데 다행히도 e의 생략 여부를 기억하는 데 도움이 되는 연상법이 있습니다.

가령 puer[푸에르]는 '유년'을 뜻하는 영어 단어 puerility가 있어서 e가 생략되지 않고 변함을 보여줍니다.

또한 liber[리베르]는 '도서관'을 뜻하는 영어 단어 library를 볼 때 e가 사라짐을 알게 됩니다.

그러면 "밭"을 뜻하는 라틴어 단어인 ager[아게르]는 e가 생략될까요? 생략되지 않을까요? '농업'을 뜻하는 영어 단어 agriculture를 떠올려 보면 e가 생략되는 경우임을 알 수 있습니다.

❶ 2변화 명사 남성형 단수의 어미 변화   us[우스] – i[이] – o[오] – um[움] – o[오]

us	주격				
i	속격				
o	여격				
um	목적격				
o	탈격				

❷ 2변화 명사 남성형 복수의 어미 변화   i[이] – orum[오룸] – is[이스] – os[오스] – is[이스]

i	주격				
orum	속격				
is	여격				
os	목적격				
is	탈격				

❸ 2변화 명사 중성형 단수의 어미 변화   um[움] – i[이] – o[오] – um[움] – o[오]

um	주격				
i	속격				
o	여격				
um	목적격				
o	탈격				

❹ 2변화 명사 중성형 복수의 어미 변화   a[아] – orum[오룸] – is[이스] – a[아] – is[이스]

a	주격				
orum	속격				
is	여격				
a	목적격				
is	탈격				

필수어휘 *

discipulus – i [디스키풀루스 – 디스키풀리] 남학생, 제자(m)

amicus – i [아미쿠스 – 아미키] (남자)친구(m)

animus [아니무스 – 아니미] 정신, 마음(m)

oculus – i [오쿨루스 – 오쿨리] 눈(m)

numerus – i [누메루스 – 누메리] 수, 많음(m)

filius – i** [필리우스 – 필리이] 아들(m)

equus – i [에쿠스 – 에쿠이] 말(m)

locus – i [로쿠스 – 로쿠이] 장소, 구절(m)

puer – pueri*** [푸에르 – 푸에리] 소년(m)

liber – libri [리베르 – 리브리] 책(m)

donum – i [도눔 – 도니] 선물(n)

triumphus – i [트리움푸스 – 트리움피] 승리(m)

studium – studii**** [스투디움 – 스투디이] 공부, 열중(n)

bellum – i [벨룸 – 벨리] 전쟁(n)

caelum – i [카일룸 – 카일리] 하늘(n)

* 이후로는 어휘를 배울 때 "주격 – 속격, 뜻(성)"의 순서로 기재합니다. 성은 남성형은 약자 m(ale)을, 여성형은 f(emale)을, 중성형은 n(euter)로 씁니다 (참고로, 지금까지는 형태를 가지고 성을 구별할 수 있었으나 이후에는 성별 구별이 필요한 경우가 생길 것입니다).

** filius의 단수 속격은 filii와 fili 둘 다 쓰일 수 있습니다.

*** 2변화 명사 중 us – i 변화형이 아닌 er – i 변화형은 속격도 어간을 모두 기재합니다(보충학습 참고).

**** 이후로는 어간이 i로 끝나는 경우 속격 어미인 i와 함께 ii로 쓰겠습니다. i가 하나만 들어가야 하는지 두 개가 들어가야 하는지 혼선이 있을 수 있기 때문입니다. 즉 "studium – ii 공부, 열중(n)"과 같습니다.

연습문제

명사의 단수와 복수로 가능한 격과 뜻을 모두 적어보세요.

Aquae [단수 속격 – 물의 / 단수 여격 – 물에게 / 복수 주격 – 물들이]

1. Discipuli   [   ]
2. Amicum   [   ]
3. Oculo   [   ]
4. Loci   [   ]
5. Pueros   [   ]
6. Triumphum   [   ]
7. Donis   [   ]
8. Studii   [   ]
9. Belli   [   ]
10. Caelum   [   ]

4강
학습영상

라틴어 표현 익히기

전쟁

1. Belli casus veritas prima(아이스킬로스[*]).

   전쟁의 첫 희생자는 진실입니다(전쟁이 첫 번째로 몰락시키는 것은 진실입니다).

2. Ante victoriam ne canas triumphum

   승리하기 전에 승리를 노래하지 마세요(김칫국부터 마시지 마라).

3. Mortui soli finem belli viderunt(플라톤[**]).

   오직 죽은 자들만이 전쟁의 끝을 보았습니다.

---

[*] 데시데리우스 에라스무스(1466~1536년)가 그의 격언집 『아다기아』에서 인용한 문장으로, 아이스킬로스(Αἰσχύλος. 기원전 525(4)년~기원전 456년)는 고대 그리스의 비극 작가입니다.

[**] 같은 책. 플라톤(Πλάτων 기원전 42[?]년~348[7]년)은 소크라테스의 제자이자 그에 관한 기록을 세상에 남겨 준 철학자입니다. 플라톤은 서양 철학의 아버지로 통하며 "서양 철학은 플라톤의 각주에 불과하다"(Alfred North Whitehead)라는 유명한 말이 있을 정도입니다.

5강
1변화 동사 + 2변화 동사

1, 2변화 동사의 **변화표**를 완성할 수 있다.

1변화 동사 + 2변화 동사

1변화 동사

오리엔테이션에서 동사 어미를 잠시 다룬 것 기억하나요?

"o[오] – s[에스] – t[티] – mus[무스] – tis[티스] – nt[엔티]"

어미 변화	발음	인칭	의미
+ o	오	1인칭 단수	내가 ~ 한다.
+ s	에스	2인칭 단수	네가 ~ 한다.
+ t	티	3인칭 단수	그/그녀/그것이 ~ 한다.
+ mus	무스	1인칭 복수	우리가 ~ 한다.
+ tis	티스	2인칭 복수	너희가 ~ 한다.
+ nt	엔티	3인칭 복수	그들/그녀들/그것들이 ~ 한다.

　ama[아마]는 "사랑하다"라는 의미를 가진 동사의 어간인데, 여기에 "o[오] – s[에스] – t[티] – mus[무스] – tis[티스] – nt[엔티]"라는 어미를 붙이면 '누가 사랑하는지'가 결정됩니다. 즉 이 단어의 어미가 s면 amas[아마스]로 "너는 사랑한다"이고, t면 amat[아

마트]로 "그/그녀/그것이 사랑한다"입니다. 같은 방식으로 ama[아마]에 mus[무스], tis[티스], nt[엔티]를 붙이면 각각 "우리는 사랑한다", "너희는 사랑한다", "그들/그녀들/그것들은 사랑한다"가 됩니다.

그런데 여기서 주의할 점이 있습니다. 위 내용에 따르면 "나는 사랑한다"(1인칭 단수)는 ama[아마]에 o[오]를 더한 amao[아마오]일 것 같지요? 하지만 실제로는 중간에 낀 a모음이 생략된 amo[아모]가 됩니다. 1인칭 단수에서만 다른 인칭들과는 달리 어간의 a모음이 어미 o모음과 만나면서 생략되기 때문입니다(amao → amo). 이렇게 **1인칭 단수에서 어간 모음 a[아]가 어미 o[오]와 만나 a[아]가 생략**되고 **나머지 인칭에서는 어간 모음 a[아]에 어미만 추가**하는 동사의 유형을 "1변화 동사"*라고 합니다. 이를 표로 정리해서 살펴보겠습니다.

* 라틴어 동사는 변화 방식에 따라 1, 2, 3, 4변화 동사로 나뉩니다. 그러나 3변화 동사는 따로 떼서 다루는 3-io변화 동사라는 것이 있기에 총 5가지 유형이라고 말할 수 있습니다.

구분	어간	어미 변화	변화형태	발음	인칭	뜻
1 변화 동사	ama [아마] 사랑하다	+ o	amo	아모	1단	나는 사랑한다.
		+ s	amas	아마스	2단	너는 사랑한다.
		+ t	amat	아마트	3단	그/그녀/그것이 사랑한다.
		+ mus	amamus	아마무스	1복	우리는 사랑한다.
		+ tis	amatis	아마티스	2복	너희는 사랑한다.
		+ nt	amant	아만트	3복	그들/그녀들/그것들이 사랑한다.

이번 강의 첫 번째 〈따라쓰기〉 할 내용은 "1변화 동사 amo[아모]의 변화"입니다.

"amo[아모] – amas[아마스] – amat[아마트] – amamus[아마무스] – amatis[아마티스] – amant[아만트]"

2변화 동사

이어서 또 다른 동사 변화 유형인 2변화 동사를 생각해 봅니다. 다음은 "충고하다"라는 뜻을 가진 2변화 동사 "moneo[모네오]"의 변화표입니다. 앞서 배운 amo(아모) 동사와 비교해보면 1변화 동사는 1인칭 단수에서 어간 모음이 생략되었지만 (a + o = o), 2변화 동사에서는 어간 모음에 어미 o[오]만 그대로 붙이면 된다는 것 (e + o = eo)을 알 수 있습니다.

구분	어간	어미 변화	변화형태	발음	인칭	뜻
2 변화 동사	mone (모네) 충고하다	+ o	moneo	모네오	1단	나는 충고한다.
		+ s	mones	모네스	2단	너는 충고한다.
		+ t	monet	모네트	3단	그/그녀/그것은 충고한다.
		+ mus	monemus	모네무스	1복	우리는 충고한다.
		+ tis	monetis	모네티스	2복	너희는 충고한다.
		+ nt	monent	모넨트	3복	그들/그녀들/그것들은 충고한다.

차이가 느껴지시나요? **2변화 동사는 1인칭 단수에서 어간 모음 e[에] 생략이 없고 모든 인칭에서 어간에 어미만 그대로 붙여 주고 있습니다.**

그러면 두 번째 〈따라쓰기〉는 "moneo 동사의 변화"로 진행합니다. "moneo[모네오] – mones[모네스] – monet[모네트] – monemus[모네무스] – monetis[모네티스] – monent[모넨트]"

부정사

이번 강의에서 더 이상 새로운 동사 변화 유형을 배우지는 않습니다. 다만 지금까지 배운 동사 변화가 다음과 같이 설명될 수 있다는 것을 알아봅니다. 즉 동사의 "1인칭 단수 – 나머지 인칭" 변화를 요약하는 방법입니다.

인칭	어미 변화	1변화 동사 (어간 모음 a)	2변화 동사 (어간 모음 e)
1단	+ o	− a + o	e + o
2단	+ s		
3단	+ t		
1복	+ mus	a + re*	e + re
2복	+ tis		
3복	+ nt		

즉 1변화 동사는 o[오] − are[아레]로, 2변화 동사는 eo(에오) − ere[에레]로 변화합니다. 이는 사전에서도 동사를 기재하는 방식이 됩니다. **한편 are[아레]나 ere[에레]는 앞으로 '부정사'라고 부를 것입니다.** 부정사(不定詞)라는 이름의 뜻은, 용도가 명사나 형용사나 부사 등으로 딱 정해지지 않은 품사라는 뜻입니다. 따라서 부정사는 다양한 해석이 가능한 형태이고, 또 (기본형을 뜻하는) '동사 원형'을 나타내는 것이기도 합니다.

일단 지금 시점에서는 **부정사의 뜻은 "~하는 것"**으로 기억하면 됩니다. 그리고 부정사는 '동사 원형'을 나타내는 것으로서 어미 변화의 기본 패턴을 알려 준다고 생각하는 겁니다.* 이번에는 "amo − amare 사랑하다"를 볼 때 이 동사의 변화가 어떻게 진행되는지 찾는 연습을 해보겠습니다.

* 앞서 배운 동사의 어미만 어간에 그대로 붙여 주면 된다는 말입니다. 즉 위에서 배운 단어의 경우 ama라는 어간에 s, t, mus, tis, nt를 붙여 준다는 것입니다. 한편 라틴어의 '~re'는 그 자체로도 '부정사'라는 하나의 문법적 요소를 가집니다.

* 영어의 to부정사 용례를 떠올리면 좋습니다. 'to love'가 맥락에 따라 '사랑하는 것'도 되고, '사랑하기 위해서'도 되는 것처럼 라틴어 부정사(~re)도 명사 또는 부사적 용법 등으로 쓰이는 것입니다. 예를 들어 amare[아마레]는 amo[아모] 동사의 변화를 가르쳐 주면서 '사랑하는 것'(부정사의 흔한 해석법) 등으로 사용됩니다. 이후 자세한 부정사의 용법(부정법)은 「심화편」에서 다루겠습니다.

amo	amare
1인칭 단수	2인칭 단수부터는 ama(어간)에 어미 변화(s, t, mus, tis, nt) 붙이기를 뜻함

1) 첫 번째 자리 amo[아모]는 1인칭 단수("나는 사랑한다")를 뜻합니다.

2) 두 번째 자리 amare[아마레]는 (re를 뗀) ama(어간)에 나머지 어미 변화를 붙이면 됨을 뜻합니다. 어간에 re를 붙인 형태는 부정사라고 합니다.

마지막으로 o – are[오 – 아레]와 eo – ere[에오 – 에레] 유형으로 구별되는 1변화와 2변화 동사의 변화 방법을 표로 정리해 봅시다.

구분	동사	1변화 동사				2변화 동사			
	암기법	amo – amare				moneo – monere			
	어간	ama 사랑하다				mone 충고하다			
1단	+ o	amo	am	a	o	moneo	mon	e	o
2단	+ s	amas	am	a	s	mones	mon	e	s
3단	+ t	amat	am	a	t	monet	mon	e	t
1복	+ mus	amamus	am	a	mus	monemus	mon	e	mus
2복	+ tis	amatis	am	a	tis	monetis	mon	e	tis
3복	+ nt	amant	am	a	nt	monent	mon	e	nt

이번 강의에서는 1변화 동사와 2변화 동사에 대해서 공부해 보았습니다. 모두 수고 많으셨습니다. 다음 강의에서는 3변화 동사와 4변화 동사를 배워 보겠습니다.

오늘의 라틴어 한마디

Gutta cavat lapidem!

굴타 카바트 라피뎀!

물방울이 바위를 뚫습니다!

❶ amo[아모] 동사 변화

amo[아모] – amas[아마스] – amat[아마트]

amamus[아마무스] – amatis[아마티스] – amant[아만트]

동사 변화	뜻
amo	나는 사랑한다.
amas	너는 사랑한다.
amat	그/그녀/그것이 사랑한다.
amamus	우리는 사랑한다.
amatis	너희는 사랑한다.
amant	그들/그녀들/그것들이 사랑한다.

동사 변화	뜻
amo	
amas	
amat	
amamus	
amatis	
amant	

동사 변화	뜻

동사 변화	뜻

❷ moneo[모네오] **동사 변화**

moneo[모네오] – mones[모네스] – monet[모네트]

monemus[모네무스] – monetis[모네티스] – monent[모넨트]

동사 변화	뜻
moneo	나는 충고한다.
mones	너는 충고한다.
monet	그/그녀/그것이 충고한다.
monemus	우리는 충고한다.
monetis	너희는 충고한다.
monent	그들/그녀들/그것들이 충고한다.

동사 변화	뜻
moneo	
mones	
monet	
monemus	
monetis	
monent	

동사 변화	뜻

동사 변화	뜻

5강
학습영상

amo – are [아모 – 아마레] 사랑하다(1)

laudo – are [라우도 – 라우다레] 칭찬하다(1)

vito – are [비토 – 비타레] 피하다(1)

do – are [도 – 다레] 주다(1)

servo – are [세르보 – 세르바레] 지키다(1)

voco – are [보코 – 보카레] 부르다(1)

doceo – ere [도케오 – 도케레] 가르치다(2)

teneo – ere [테네오 – 테네레] 잡다(2)

maneo – ere [마네오 – 마네레] 기다리다, 남다(2)

salveo – ere [살베오 – 살베레] 안녕하다(2)

habeo – ere [하베오 – 하베레] 가지다(2)

video – ere [비데오 – 비데레] 보다(2)

debeo – ere [데베오 – 데베레] 해야 한다(2)

---

* "동사 – 부정사, 뜻(동사 변화 유형)"으로 동사를 기재하되 부정사는 (어간에서 어간 모음을 생략한) 어근(語根, 의미를 가진 중심 부분)을 생략하고 씁니다. 가령 "amo–amare 사랑하다(1변화 동사)"는 표의 첫 번째 제시된 방식으로 표기합니다.

연습문제

동사의 어미를 보고 주어의 인칭과 수, 그리고 그에 따른 뜻을 쓰세요.

> **Valeo** [1인칭 단수 / 나는 잘 지낸다]

1. Amamus   [/   ]

2. Laudo   [/   ]

3. Das   [/   ]

4. Dant   [/   ]

5. Docent   [/   ]

6. Tenemus   [/   ]

7. Manet   [/   ]

8. Salvetis   [/   ]

9. Habet   [/   ]

10. Vident   [/   ]

시간

1. Tempus neminem manet.

   시간은 누구도 기다려 주지 않습니다.

2. Bis das, si cito das(푸블릴리우스 시루스*).

   빨리 주는 것은 두 번 주는 것입니다(=어차피 줄 거라면 빨리 주십시오).

3. Habet Deus suas horas et moras.

   신(하나님)께서는 그분만의 시간과 기다림을 갖고 계십니다.

---

* 푸블릴리우스 시루스(Publilius Syrus, 기원전 85년~기원전 43년)는 시리아 출생으로 이탈리아에 잡혀온 노예였으나 그의 탁월한 자질을 알아본 주인에게서 해방을 받았습니다. 이후 로마에서 작품 활동을 하면서 시대를 초월한 여러 명언들을 남기게 됩니다.

6강
3변화 동사 + 4변화 동사

학습목표 ....

3, 4변화 동사의 **변화표**를 완성할 수 있다.

3변화 동사 + 4변화 동사

3변화 동사

지난 시간 마지막 부분에 amo – amare(사랑하다[아모 – 아마레])가 무엇을 뜻하는지 배웠습니다. amo[아모]는 1인칭 단수로 "나는 사랑한다"이고, 'ama're[아마레]는 부정사이자 ama[아마]를 어간으로 해서 어미에 s, t, mus, tis, nt를 붙여서 변화를 만드는 것이라고 했습니다. 그래서 이 동사는 다음과 같이 변화합니다.

"amo[아모] – amas[아마스] – amat[아마트] – amamus[아마무스] – amatis[아마티스] – amant[아만트]"

또한 앞의 것이 1변화 동사라면 2변화 동사라는 것도 있었습니다. moneo – monere(충고하다[모네오 – 모네레])를 가지고 변화를 만들 수 있나요? 1인칭 단수인 "나는 충고한다"는 moneo[모네오]입니다. 그리고 mone[모네]를 어간으로 어미에 s, t, mus, tis, nt를 붙여서 변화를 만듭니다. 즉 "moneo[모네오] – mones[모네스] – monet[모네트] – monemus[모네무스] – monetis[모네티스] – monent[모넨트]"입니다.

이번 강의에서는 3변화 동사를 배우게 됩니다. 그런데 위의 1, 2변화 동사를 살

퍼본 방식으로 3변화 동사를 보면, 먼저 배운 두 동사 유형의 특징이 혼합된 느낌을 받을 수 있습니다. 즉 1변화 동사가 o－are[오－아레]의 변화를, 2변화 동사가 eo－ere[에오－오레]의 변화를 따랐다면, 3변화 동사는 o－ere[오－에레]의 변화를 하기 때문입니다. 즉 **1인칭 단수에서는 어간 모음을 생략하고(1변화 동사) 나머지 인칭에서는 부정사가 ere가 되는 겁니다(2변화 동사).**

어미 변화	발음	1변화 동사 (어간 모음 ā)	2변화 동사 (어간 모음 ē)	3변화 동사 (어간 모음 e)
1단	+ o	－ a + o	e + o	－ e + o
2단	+ s			
3단	+ t			(e → i) + re
1복	+ mus	a + re	e + re	
2복	+ tis			
3복	+ nt			(e → u) + re

3변화 동사 중 하나인 "duco－ducere[두코－두케레] 이끌다"라는 단어로 이 유형의 동사를 공부해 보겠습니다. 우리가 앞에서 배운 것에 따라 duco－ducere[두코－두케레]를 해석하면, 1인칭 단수는 duco[두코]이고, 다른 모든 인칭에는 duce[두케]에 s, t, mus, tis, nt를 붙이면 된다고 생각할 수 있습니다. 그런데 여기서 주의할 점이 있습니다. 1강에서 모음을 배울 때, 라틴어는 장모음과 단모음이 있다고 한 것을 기억하나요?

ā ē ī ō ū 장음   a e i o u 단음

모든 단어의 장모음과 단모음을 다 구별해서 외우기는 부담스러울 수 있어서 그

동안 이에 대해 많이 언급하지 않았습니다. 대부분의 라틴어 초급 문법책들도 이를 꼭 필요한 경우 위주로 다루는 경향이 있습니다. 한편 지금 3변화 동사를 설명할 때는 이 모음의 구별이 꼭 필요한 경우라서 말씀드립니다.

먼저 배운 1변화 동사와 2변화 동사의 o − āre[오 − 아레]와 eo − ēre(에오 − 에레)에서 부정사의 a나 e 자리는 장음이 들어갑니다. 그런데 3변화 동사에서는 이 "~re" 앞자리에 있는 어간 모음이 단음 e로 나타납니다. 이로 인해 3변화 동사는 변화 과

* 14강의 [정리 2]의 〈라틴어 음운론−모음삼각도〉를 통해 모음이 변화될 수 있는 가까운 소리들이 무엇인지 확인할 수 있습니다.

정에서 단음 e 소리의 힘이 약해져서 i나 u 소리로 쉽게 바뀝니다.* 즉 o − ere는 1인칭 단수에서 o로, 2인칭 단수, 3인칭 단수, 1인칭 복수, 2인칭 복수까지는 i로, 3인칭 복수에서 u로 바뀝니다.

1, 2, 3변화 동사까지를 표로 한 번 비교해 보겠습니다. 특히 밑줄 친 곳들을 유심히 살펴보시기 바랍니다(3변화 동사의 1인칭 단수와 3인칭 복수).

구분	동사	1변화 동사				2변화 동사				3변화 동사			
	암기법	amo − amāre [ā]**				moneo − monēre [ē]				duco − ducere [e]			
	어간	amā 사랑하다				monē 충고하다				duce 이끌다			
1단	+ o	amo	am	a	o	moneo	mon	e	o	duco	duc	e	o
2단	+ s	amas	am	a	s	mones	mon	e	s	ducis	duc	e→i	s
3단	+ t	amat	am	a	t	monet	mon	e	t	ducit	duc	e→i	t
1복	+ mus	amamus	am	a	mus	monemus	mon	e	mus	ducimus	duc	e→i	mus
2복	+ tis	amatis	am	a	tis	monetis	mon	e	tis	ducitis	duc	e→i	tis
3복	+ nt	amant	am	a	nt	monent	mon	e	nt	ducunt	duc	e→u	nt

** 대괄호 안에 들어간 모음은 부정사의 ~re 앞부분 모음을 표시한 것입니다.

duco[두코] 동사의 어간은 duce[두케]인데, 1인칭 단수에서는 re[레] 바로 앞의 어간 모음 e가 생략되고, 2인칭 단수부터 2인칭 복수까지는 i[이]로, 3인칭 복수에서는

88 혼자서도 공부할 수 있는 라틴어 문법

u[우]로 바뀌고 있습니다.* 이것은 다른 동사 변화의 어간 모음과 달리 3변화 동사의 어간 모음이 단모음이기에 생긴 결과라고 했습니다. 장모음은 힘이 세서 여간해서 자기 자리를 잘 지키지만, 단모음은 힘이 약해서 다른 것으로 쉽게 밀려나가 발음이 바뀐다고 생각하면 됩니다.

* 특히 단모음 e는 n과 만날 때 u로 바뀌는 경향을 보입니다. 발음상에 있어 다른 것과 차이가 있다는 것은 소리 내어 읽어 보면 금방 알 수 있습니다. 즉 is[이스], it[이트], imus[이무스], itis[이티스]는 닫힌 발음이 아니지만 int[인트]는 닫힌 발음으로서 좀 더 편한 발음인 unt[운트]로 소리를 내게 되는 겁니다.

어미 변화	발음	1변화 동사 (어간 모음 ā)	2변화 동사 (어간 모음 ē)	3변화 동사 (어간 모음 e)
1단	+ o	− a + o	e + o	− e + o
2단	+ s	a + re	e + re	(e → i) + re
3단	+ t			
1복	+ mus			
2복	+ tis			
3복	+ nt			(e → u) + re

duco[두코]에 이어서 ducis[두키스], ducit[두키트]…로 변화하고, 3인칭 복수에서는 ducunt[두쿤트]가 됩니다. 처음에는 (e가 생략되고) o[오]만 남고, 이어서는 i[이]로 변하고, 마지막으로는 u[우]가 되기에 **3변화 동사 어미는 "오이운트"(o - i - unt)로 바뀐다고 기억하면 유용**합니다. 이처럼 3변화 동사는 [오]로 시작해서 [이]로 진행되다 [운트]로 끝난다는 것을 반드시 숙지하시기 바랍니다.

이번 강의 첫 번째 〈따라쓰기〉는 "duco[두코] − ducere[두케레] 동사의 변화"로 "duco[두코] − ducis[두키스] − ducit[두키트] − ducimus[두키무스] − ducitis[두키티스] − ducunt[두쿤트]"로 진행됩니다.

3-io변화 동사

이번에는 3변화 동사 중 1인칭 단수에서 io[이오]로 끝나는 동사를 살펴보겠습니다. 이 동사들은 앞서 살핀 3변화 동사의 변화와는 달리, 어미에 있어서 i[이]가 o[오] 앞에서 인칭 변화 중에도 계속 유지되기에 3 – io변화 동사라고 합니다.

하단에 "잡다"의 뜻을 가진 capio[카피오] – capere[카페레]라는 단어가 있습니다. 일단 이 단어가 어떻게 변화되는지를 표로 살펴보겠습니다. 앞서 배운 3변화 동사와 비교하며 어떤 차이를 생기는지를 유의해 보시기 바랍니다.

구분	동사 암기법	3변화 동사 duco – ducere [e]				3-io변화 동사 capio – capere [e]			
	어간	duce 이끌다				cape 잡다			
1단	+ o	duco	duc	e	o	capio	cap	e → i	o
2단	+ s	ducis*	duc	e → i	s	capis	cap	e → i	s
3단	+ t	ducit	duc	e → i	t	capit	cap	e → i	t
1복	+ mus	ducimus	duc	e → i	mus	capimus	cap	e → i	mus
2복	+ tis	ducitis	duc	e → i	tis	capitis	cap	e → i	tis
3복	+ nt	ducunt	duc	e → u	nt	capiunt*	cap	e → iu	nt

오른쪽 동사의 경우 **모든 변화에서 i[이]가 유지되고 있는 것**이 보이시나요? 이렇게 capio[카피오]동사의 유형(3 – io변화 동사)은 i[이]가 '언제나' 어미 앞에 있다는 데 그 특별함이 있습니다. 이번 강의 두 번째 〈따라쓰기〉는 "capio[카피오] – capere[카페레] 동사의 변화"인 "capio[카피오] – capis[카피스] – capit[카피트] – capimus[카피무스] – capitis[카피티스] – capiunt[카피운트]"로 진행합니다.

* 3변화 동사 3인칭 복수의 u[우] 앞에 i[이]가 더해진 iu[이우] 형태임을 주의해 주세요.

1. 어간(가령 duce[두케])의 e[에]에는 단모음으로서 i[이]로 잘 변한다.
2. 1인칭 단수에서 i[이]가 o[오]앞에 있는 동사(가령 capio[카피오])는 모든 변화에서 i[이]가 사라지지 않고, 어미 앞에 i[이]를 언제나 유지한다.

4변화 동사

앞서 살핀 3 - io변화 동사와 완전히 똑같은 인칭 변화를 나타내는 동사 유형으로 4변화 동사가 있습니다. 즉 4변화 동사도 모든 변화에서 i[이]가 어미 앞에 남아 있습니다.

audio[아우디오]라는 동사는 '듣다'라는 단어로 '오디오'라는 음향기기가 떠오르는 4변화 동사입니다. 이 단어의 변화와 3 - io변화 동사를 비교해보면, 두 동사의 모든 변화가 완전히 동일한 것을 볼 수 있습니다.

구분	동사	3-io변화 동사				4변화 동사			
	암기법	capio – capere [e]				audio – audīre (ī)			
	어간	cape 잡다				audi 듣다			
1단	+ o	capio	cap	e → i	o	audio	aud	i	o
2단	+ s	capis	cap	e → i	s	audis	aud	i	s
3단	+ t	capit	cap	e → i	t	audit	aud	i	t
1복	+ mus	capimus	cap	e → i	mus	audimus	aud	i	mus
2복	+ tis	capitis	cap	e → i	tis	auditis	aud	i	tis
3복	+ nt	capiunt	cap	e → iu	nt	audiunt	aud	iu	nt

그러면 4변화 동사는 3 - io변화 동사와 무슨 차이가 있을까요? 바로 4변화 동사의 '부정사' 형태가 io - īre[이오 - 이레]라는 것에 있습니다. 위 표에 (동사)암기법

으로 적힌 사항을 봅시다. capio[카피오] 동사는 io[이오] – ere[에레]변화를 하는 반면, audio[아우디오] 동사는 io[이오] – īre(이레)로 변화하고 있습니다. 즉 앞 단어의 부정사 형태는 ere[에레]이고, 뒷 단어의 부정사 형태는 īre(이레)입니다. 부정사는 동사의 변화를 알려 줄 뿐 아니라 "~하는 것"과 같은 뜻을 가지고 있다고 했습니다. 따라서 3 – io변화 동사와 4변화 동사는 부정사를 만드는 방식에서 차이가 나타납니다. 가령 cap – ere[카페레]의 뜻은 "잡는 것", aud – ire[아우디레]의 뜻은 "듣는 것"이 됩니다.

이번 강의 세 번째이자 마지막 〈따라쓰기〉는 "audio[아우디오] – audire[아우디레] 동사의 변화"로 "audio[아우디오] – audis[아우디스] – audit[아우디트] – audimus[아우디무스] – auditis[아우디티스] – audiunt[아우디운트]"입니다.

모든 동사 유형을 총정리하는 표를 보며 이번 강의를 마칩니다.

구분	모음(1단) 패턴	부정사 패턴		예시
1변화 동사	o	āre	amo	amare (amas – amat – amamus – amatis – amant)
2변화 동사	eo	ēre	moneo	monere (mones – monet – monemus – monetis – monent)
3변화 동사	o	ere	duco	ducere (ducis – ducit – ducimus – ducitis – ducunt)
3-io변화 동사	io	ere	capio	capere (capis – capit – capimus – capitis – capiunt)
4변화 동사	io	īre	audio	audire (audis – audit – audimus – auditis – audiunt)

오늘의 라틴어 한마디

Officium meum faciam.

옾피키움 메움 파키암.

나는 나의 임무를 해내겠습니다.

따라쓰기

❶ duco[두코] – ducere[두케레] 동사 변화

duco[두코] – ducis[두키스] – ducit[두키트]

ducimus[두키무스] – ducitis[두키티스] – ducunt[두쿤트]

동사 변화	뜻
duco	나는 이끈다.
ducis	너는 이끈다.
ducit	그/그녀/그것이 이끈다.
ducimus	우리는 이끈다.
ducitis	너희는 이끈다.
ducunt	그들/그녀들/그것들이 이끈다.

동사 변화	뜻
duco	
ducis	
ducit	
ducimus	
ducitis	
ducunt	

동사 변화	뜻

동사 변화	뜻

❷ capio[카피오] – capere[카페레] 동사 변화

　capio[카피오] – capis[카피스] – capit[카피트]

　capimus[카피무스] – capitis[카피티스] – capiunt[카피운트]

동사 변화	뜻	동사 변화	뜻
capio	나는 잡는다.	capio	
capis	너는 잡는다.	capis	
capit	그/그녀/그것이 잡는다.	capit	
capimus	우리는 잡는다.	capimus	
capitis	너희는 잡는다.	capitis	
capiunt	그들/그녀들/그것들이 잡는다.	capiunt	

동사 변화	뜻	동사 변화	뜻

❸ audio[아우디오] – audire[아우디레] 동사 변화

audio[아우디오] – audis[아우디스] – audit[아우디트]

audimus[아우디무스] – auditis[아우디티스] – audiunt[아우디운트]

동사 변화	뜻
audio	나는 듣는다.
audis	너는 듣는다.
audit	그/그녀/그것이 듣는다.
audimus	우리는 듣는다.
auditis	너희는 듣는다.
audiunt	그들/그녀들/그것들이 듣는다.

동사 변화	뜻
audio	
audis	
audit	
audimus	
auditis	
audiunt	

동사 변화	뜻

동사 변화	뜻

ago - ere [아고-아게레] 행하다(3)   dico - ere [디코-디케레] 말하다(3)

duco - ere [두코-두케레] 이끌다(3)   mitto - ere [미토-미테레] 보내다(3)

vivo - ere [비보-비베레] 살다(3)   vinco - ere [빈코-빈케레] 승리하다(3)

disco - ere [디스코-디스케레] 배우다(3)   vado - ere [바도-바데레] 가다(3)

diligo - ere [딜리고-딜리게레] 사랑하다, 귀히 여기다(3)   cedo - ere [케도-케데레] 가다(3)

affluo - ere [아플루오-아플루에레] 흐르다, 흘러내리다(3)   capio - ere [카피오-카페레] 잡다(3-io)

audio - ire [아우디오-아우디레] 듣다(4)   invenio - ire [인베니오-인베니레] 찾다, 발견하다(4)

연습문제

동사의 어미를 보고 주어의 인칭과 수, 그리고 그에 따른 뜻을 쓰세요.

> **Valeo** [1인칭 단수 / 나는 잘 지낸다]

1. Agit   [/   ]
2. Dicunt   [/   ]
3. Duco   [/   ]
4. Mittunt   [/   ]
5. Vivis   [/   ]
6. Vadis   [/   ]
7. Ceditis   [/   ]
8. Affluit   [/   ]
9. Audis   [/   ]
10. Invenit   [/   ]

성경

1. Domine, Quo Vadis?(요한복음 13:36)

   주여, 어디로 가시나이까?

2. Beatus homo qui invenit sapientiam et qui affluit prudentia.(잠언 3:13)

   지혜를 얻은 자와 명철을 얻은 자는 복이 있습니다.

   (지혜를 발견하고 분별력이 넘쳐흐르는 사람은 복이 있습니다)

3. Aures aperuisti, sed non audis.(이사야 42:20)

   당신은 귀가 열려 있으면서도 듣지 못합니다.

6강
학습영상

7강
동사의 "과거형 + 미래형"

동사의 "과거형 + 미래형"

어간 찾기

앞서 5강과 6강에 걸쳐서 1, 2, 3, 3 – io, 4변화 동사의 유형을 살펴보았습니다. 그런데 지금까지 배운 내용은 모두 현재형이었습니다. 이번 강의는 계속해서 동사의 과거형이나 미래형을 만드는 법을 배우도록 하겠습니다. 과거형이나 미래형을 만들기 위해서는 먼저 앞서 배운 (현재) 어간을 찾아낼 줄 알아야 하는데, **어간이란 동사의 변화에 있어서 기본적으로 변하지 않는 부분**을 가리키는 것입니다. 이는 부정사에서 re를 빼면 되는 것이기도 합니다. 이전에 살펴봤던 그림을 다시 가져와 보았습니다. 어간이 무엇을 의미했는지 다시 확인해 보시기 바랍니다.

amo	amare
1인칭 단수	2인칭 단수부터는 ama(어간)에 어미 변화(s, t, mus, tis, nt) 붙이기를 뜻함

모든 동사의 과거형

"amo[아모] – amare[아마레] 사랑하다" 동사의 어간은 "ama[아마]"입니다. 여기서 **과거형 만드는 방법**은 이 어간에 **과거형 어간인 ba[바]와** 동사의 인칭에 따라 변하는 **각각의 어미를 추가하는 것**(이하 과거형 인칭어미)입니다. 단 1인칭 단수일 경우만 o가 아닌 m을 붙입니다. 과거형을 만들기 위해 붙여야 하는 과거형 인칭어미를 하단에 표로 제시해 보았습니다.

구분	어미 변화	발음	인칭	뜻
+ ba	+ m	밤	1단	내가 ～하고 있었다.
	+ s	바스	2단	네가 ～하고 있었다.
	+ t	바트	3단	그/그녀/그것이 ～하고 있었다.
	+ mus	바무스	1복	우리가 ～하고 있었다.
	+ tis	바티스	2복	너희가 ～하고 있었다.
	+ nt	반트	3복	그들/그녀들/그것들이 ～하고 있었다.

한편 라틴어의 **과거시제(imperfectum[임페르펙툼])**는 한국어로는 미완료시제라고도 많이 번역되는 말입니다. 해석은 대표적으로 다음의 세 가지 방식으로 나타납니다. "～하고 있었다"(진행), "～하곤 했다"(습관), "～하려고 했다"(시도). 표에서는 이 중 첫 번째 언급한 "～하고 있었다"(진행)으로 한 겁니다.*

그러면 1변화 동사 amo[아모] – amare[아마레] 동사의 과거형 인칭어미를 살펴보도록 하겠습니다.

* 미완료시제라는 말은 나중에 배울 완료 시제 (perfectum[페르펙툼])과 비교하기 위해 쓰이는 용어인데, 이처럼 미완료와 완료로 동사의 시제를 나누는 것은 그리스어나 고대 셈어 계통의 언어에서도 흔히 나타났던 구분입니다.

구분	어간	과거형 어간	어미 변화	변화형태	발음	인칭	뜻
1 변화 동사	ama [아마] 사랑하다	+ ba	+ m	amabam	아마밤	1단	내가 사랑하고 있었다.
			+ s	amabas	아마바스	2단	네가 사랑하고 있었다.
			+ t	amabat	아마바트	3단	그/그녀/그것이 사랑하고 있었다.
			+ mus	amabamus	아마바무스	1복	우리가 사랑하고 있었다.
			+ tis	amabatis	아마바티스	2복	너희가 사랑하고 있었다.
			+ nt	amabant	아마반트	3복	그들/그녀들/그것들이 사랑하고 있었다.

위 과거형 인칭어미(과거형 어간 + 어미 변화)인 "bam[밤] – bas[바스] – bat[바트] – bamus[바무스] – batis[바티스] – bant[반트]"는 이번 강의 첫 번째 〈따라쓰기〉로 복습하 겠습니다.

그러면 2변화 동사인 moneo – monere(충고하다[모네오 – 모네레])의 과거형은 어떻 게 만들어질까요? 먼저 어간인 mone[모네]를 찾고, 과거형 인칭어미를 순서대로 붙여 주면 됩니다. 즉 "monebam[모네밤] – monebas[모네바스] – monebat[모네바트] – monebamus[모네바무스] – monebatis[모네바티스] – monebant[모네반트]"입니다.

이어서 3변화 동사인 duco – ducere(이끌다[두코 – 두케레])의 과거형입니다. 마찬 가지로 어간인 duce[두케]에 과거형 인칭어미를 붙입니다. 즉 "ducebam[두케밤] – ducebas[두케바스] – ducebat[두케바트] – ducebamus[두케바무스] – ducebatis[두케바티스] – ducebant[두케반트]"입니다.

그리고 3변화 동사 중 모든 인칭의 변화에서 i[이]가 언제나 어미 앞에 있는 3 – io 변화 동사를 생각해 보겠습니다. 3 – io변화 동사인 capio – capere(잡다[카피오 – 카페레])라는 단어를 보면, 이 단어의 어간은 cape[카페]입니다. 한편 3-io변화 동사 유형은 언제나 i[이]가 어미와 함께 하려는 점을 기억해야 했습니다. 따라서 이 단어의 어간은 capie[카피에]로 쓰게 됩니다. 이제 여기에 과거형 인칭어미만 붙여 주면 됩니다. 3-io동사의 과거형 변화표는 다음과 같습니다.

구분	어간	과거형 어간	어미 변화	변화형태	발음	인칭	뜻
3-io 변화 동사	cape → capie [카피에] 잡다	+ba	+m	capiebam	카피에밤	1단	내가 잡고 있었다.
			+s	capiebas	카피에바스	2단	네가 잡고 있었다.
			+t	capiebat	카피에바트	3단	그/그녀/그것이 잡고 있었다.
			+mus	capiebamus	카피에바무스	1복	우리가 잡고 있었다.
			+tis	capiebatis	카피에바티스	2복	너희가 잡고 있었다.
			+nt	capiebant	카피에반트	3복	그들/그녀들/그것들이 잡고 있었다.

마지막으로 4변화 동사를 봅니다. 4변화 동사는 현재형에서 모든 인칭에서의 변화가 3-io변화 동사와 같은 동사였습니다. 즉 i[이]가 언제나 어미 앞에 있습니다. 이번에 과거형을 볼 때도 4변화 동사의 어간은 3-io변화 동사와 같습니다.* 3-io변화 동사 capio[카피오]-capere[카페레]의 어간이 capie[카피에]였다면, 4변화 동사 audio[아우디오]-audire[아우디레]의 어간은 audie[아우디에]가 됩니다. 그러면 4변화 동사 audio[아우디

---

* 3-io변화 동사와 4변화 동사의 과거형을 만들 때 찾아야 하는 '어간'은 "어근 + ie"입니다. 어간은 동사형태가 바뀔 때도 언제나 바뀌지 않는 부분을 말하고, 어근(語根)이란 뜻을 가진 최소 단위를 가리킵니다. 동사의 과거형을 만들 때 가령 3-io변화 동사 capio[카피오]-capere[카페레]에서 어근은 cap[카프], 어간은 capie[카피에]이고, 4변화 동사 audio[아우디오]-audire[아우디레]에서 어근은 aud[아우드], 어간은 audie[아우디에]입니다.

오]-audire[아우디레]의 과거형 변화표를 보겠습니다. 다시 말씀드리자면 이미 살펴본 3-io변화 동사와 과거형 변화법과 완전히 같습니다.

구분	어간	과거형 어간	어미 변화	변화형태	발음	인칭	뜻
4 변화 동사	audi → audie [아우디에] 듣다	+ ba	+ m	audiebam	아우디에밤	1단	내가 듣고 있었다.
			+ s	audiebas	아우디에바스	2단	네가 듣고 있었다.
			+ t	audiebat	아우디에바트	3단	그/그녀/그것이 듣고 있었다.
			+ mus	audiebamus	아우디에바무스	1복	우리가 듣고 있었다.
			+ tis	audiebatis	아우디에바티스	2복	너희가 듣고 있었다.
			+ nt	audiebant	아우디에반트	3복	그들/그녀들/그것들이 듣고 있었다.

지금까지 동사의 과거형을 만드는 법을 살펴봤습니다. 복잡한 것 같으나 **어간만 잘 찾고 과거형 인칭어미를 붙이면 된다는 점**을 이해하면 어렵지 않게 넘어갈 수 있습니다.

1, 2변화 동사의 미래형

이어서 동사의 미래형 만드는 법을 살펴보겠습니다. 미래형 변화법에 있어서는 1, 2변화 동사가 세트로 가고, 3, 3-io, 4변화 동사가 세트로 갑니다. 먼저 1, 2변화 동사의 미래형 만드는 방법부터 살펴보겠습니다. 1, 2변화 동사 미래형은 현재 어간에 미래형 어간(bi[비])과 각각의 어미(이하 미래형 인칭어미)를 추가하면 됩니다.

그런데 흥미롭게도 지난 강의인 3, 4변화 동사의 현재형 어미 암기 팁이었던 "오이운트" 법칙이 1, 2변화 동사에서는 미래형에서 나타나고 있습니다.

예시로 3변화 동사 "duco – ducere[두코 – 두케레] 이끌다"의 현재형 변화법을 떠올려본 뒤 이어서 1, 2변화 동사 미래형 인칭어미를 비교해서 살펴보도록 합니다.

3변화 동사 duco – ducere(이끌다[두코 – 두케레]) 동사의 현재형 변화방법

duco[두코] – ducis[두키스] – ducit[두키트] – ducimus[두키무스] –
ducitis[두키티스] – ducunt[두쿤트]

구분	어미 변화	발음	인칭	뜻
+ bi	– i + o	보	1단	내가 ~할 것이다.
	+ s	비스	2단	네가 ~할 것이다.
	+ t	비트	3단	그/그녀/그것이 ~할 것이다.
	+ mus	비무스	1복	우리가 ~할 것이다.
	+ tis	비티스	2복	너희가 ~할 것이다.
	(i → u) + nt*	분트	3복	그들/그녀들/그것들이 ~할 것이다.

1, 2변화 동사의 미래형 인칭어미

그러면 1변화 동사인 "amo – amare[아모 – 아마레] 사랑하다"를 가지고 미래형을 만들어봅니다.

---

* i[이]와 단모음e[에]는 n과 만나면 u[우]발음으로 잘 바뀝니다(즉 in 또는 en 대신에 un). 지난 강의에서 현재형을 배울 때 3변화 동사 duco – ducere(이끌다[두코 – 두케레])의 3인칭 복수가 ducunt[두쿤트]가 되었듯이 말입니다. 6강에서 배운 3변화 동사 현재형 변화 방법(86-87쪽 각주)과 14강 [정리 2]의 〈라틴어 음운론 – 모음삼각도〉를 참고해 보시기 바랍니다.

구분	어간	과거형 어간	어미 변화	변화형태	발음	인칭	뜻
1 변화 동사	ama [아마] 사랑하다	+ bi	−i + o	amabo	아마보	1단	내가 사랑할 것이다
			+ s	amabis	아마비스	2단	네가 사랑할 것이다
			+ t	amabit	아마비트	3단	그/그녀/그것이 사랑할 것이다
			+ mus	amabimus	아마비무스	1복	우리가 사랑할 것이다
			+ tis	amabitis	아마비티스	2복	너희가 사랑할 것이다
			(i→u) + + nt	amabunt	아마분트	3복	그들/그녀들/그것들이 사랑할 것이다

2변화 동사 미래형도 어간에 미래형 인칭어미만 넣어 주면 됩니다. 즉 moneo - monere(충고하다[모네오 - 모네레])의 미래형은 "monebo[모네보] - monebis[모네비스] - monebit[모네비트] - monebimus[모네비트] - monebitis[모네비티스] - monebunt[모네분트]"가 됩니다.

이번 강의 두 번째 〈따라쓰기〉는 1, 2변화 동사의 미래형 인칭어미가 되겠습니다. 즉 "bo[보] - bis[비스] - bit[비트] - bimus[비무스] - bitis[비티스] - bunt[분트]"입니다.

3변화 동사, 3-io변화 동사, 4변화 동사의 미래형

1, 2변화 동사가 한 세트이고, 3, 3 - io, 4변화 동사가 또 한 세트라고 했습니다. 이어서 3, 3 - io, 4변화 동사의 미래형을 살펴보겠습니다.

3변화 동사의 미래형

먼저 3변화 동사 미래형을 봅니다. 앞서 1, 2변화 동사의 미래형은 3, 3 - io, 4변화 동사의 현재형 어미를 '오이운트' 법칙으로 닮아있다고 했습니다.

이번에 3변화 동사의 미래형을 공부할 때는 1, 2변화 동사(특히 2변화 동사)의 현재형 어미와 같이 어간 e에 어미 변화만 붙이는 것으로 단순화됩니다.

아래의 표를 통해 3변화 동사 미래형 변화를 살펴봅시다. "ducam[두캄] – duces[두케스] – ducet[두케트] – ducemus[두케무스] – ducetis[두케티스] – ducent[두켄트]"

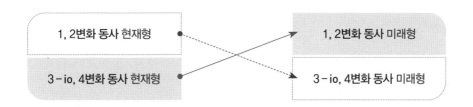

구분	어간	어미 변화	변화형태	발음	인칭	뜻
3 변화 동사	duce [두케] 이끌다	– e + am	ducam	두캄	1단	내가 이끌 것이다
		+ s	duces	두케스	2단	네가 이끌 것이다
		+ t	ducet	두케트	3단	그/그녀/그것이 이끌 것이다
		+ mus	ducemus	두케무스	1복	우리가 이끌 것이다
		+ tis	ducetis	두케티스	2복	너희가 이끌 것이다
		+ nt	ducent	두켄트	3복	그들/그녀들/그것들이 이끌 것이다

3변화 동사 미래형은 1인칭 단수에서만 현재어간의 e[에]를 a[아]로 바꾼 뒤 어미 m을 넣습니다(am[암]). 그리고 나머지 인칭에서는 어간(가령 duce[두케]) 뒤에 그대로 어미를 붙입니다. 즉 위 3변화 동사의 1인칭 단수는 duce[두케]에서 ducam[두캄]이 됐고 나머지는 duces[두케스], ducet[두케트]…로 변하게 됩니다.

이 방식은 1, 2변화 동사 현재형과 닮아 있는 것이 보이시나요? 1변화 동사에서는 (가령 amao[아마오]에서 amo[아모]가 되는 것처럼) 1인칭 단수에서 어간 모음에 변화가 일어나는 것이 1변화 동사를 떠올리게 합니다. 또한 2변화 동사의 현재형 변화가 어간 모음 e[에] 뒤에 어미 변화를 그대로 붙인다는 것에서도 위 3변화 동사의 미래형인 duces[두케스], ducet[두케트]…변화와 흡사합니다(2변화 동사의 현재형은 moneo[모네오] – mones[모네스] – monet[모네트]…).*

3 – io변화 동사와 4변화 동사의 미래형

3 – io, 4변화 동사의 미래형은 3변화 동사에서 ducam[두캄] – duces[두케스] – ducet[두케트]…가 되는 패턴을 따르되 i[이]가 모든 동사 변화에서 언제나 어미를 따라가는 특성만 기억하면 됩니다. 즉 3 – io변화 동사인 capio(잡다)라는 단어에 적용해보면 미래형은 capiam[카피암] – capies[카피에스] – capiet[카피에트]…가 됩니다.

4변화 동사 audio(듣다) 단어도 모든 동사 변화에서 3 – io변화 동사와 완전히 일치하기에 두 변화방법을 나란히 기재합니다.

* 과거형을 만들 때와 같은 방법으로 설명하면 다음과 같습니다(이 부분은 한 번 읽고 가벼운 마음으로 지나가셔도 됩니다).

(1) 동사의 미래형을 만들기 위해서 과거형때와 마찬가지로 현재어간을 찾아야 한다. 위 동사의 경우 duce[두케]이다. (2) 여기에 더해야 할 것은 미래형 어간과 어미 변화인데, 미래형 어간은 e[에]이다. (3) 한편 3변화 동사의 현재어간 e[에]와 미래형 어간 e[에]는 같은 모음으로 중복된다. 가령 duce[두케]와 미래형 어간 e[에]는 e중복 현상을 만들게 된다. (4) 1인칭 단수에서 e[에] + e[에] 중복은 a[아]로 변형을 일으키고, 여기에 어미는 o[오]가 아닌 m[엠]이 붙어서 am[암]이 된다. o[오]로 쓸 경우 ao[아오]가 되는데 라틴어에서 ao[아오]는 피하는 발음이기 때문이다. 이는 1변화 동사 현재형에서 1인칭 단수가 amao[아마오]가 아닌 amo[아모]가 된 이유와 같다. (5) 나머지 인칭에서는 e[에] + e[에]는 e[에]를 하나만 남기고 그 뒤에 어미를 붙여주는 식으로 나타난다. (6) 결론적으로 미래형 어간 e[에]는 모두 없어진 것처럼 되었고 1, 2변화 동사 현재형과 같이 어간에 인칭어미만 붙인 형태로 남게 된 것이다.

구분	어간	어미변화	변화형태	발음	인칭	뜻
3 – io 변화 동사	cape → capie [카피에] 잡다	−e＋am	capiam	카피암	1단	내가 잡을 것이다
		＋s	capies	카피에스	2단	네가 잡을 것이다
		＋t	capiet	카피에트	3단	그/그녀/그것이 잡을 것이다
		＋mus	capiemus	카피에무스	1복	우리가 잡을 것이다
		＋tis	capietis	카피에티스	2복	너희가 잡을 것이다
		＋nt	capient	카피엔트	3복	그들/그녀들/그것들이 잡을 것이다

구분	어간	어미 변화	변화형태	발음	인칭	뜻
4 변화 동사	audi → audie [아우디에] 듣다	−e+am	audiam	아우디암	1단	내가 들을 것이다
		+s	audies	아우디에스	2단	네가 들을 것이다
		+t	audiet	아우디에트	3단	그/그녀/그것이 들을 것이다
		+mus	audiemus	아우디에무스	1복	우리가 들을 것이다
		+tis	audietis	아우디에티스	2복	너희가 들을 것이다
		+nt	audient	아우디엔트	3복	그들/그녀들/그것들이 들을 것이다

이번 강의 마지막 〈따라쓰기〉는 3, 3−io, 4변화 동사의 공통되는 미래형 인칭어미인 "am[암] − es[에스] − et[에무스] − etis[에티스] − ent[엔트]"으로 진행됩니다.

이렇게 동사의 과거형 인칭어미(bam − bas − bat…)와 미래형 인칭어미(1, 2변화 동사는 bo − bis − bit…, 3, 3 − io, 4변화 동사는 am − es − et…)를 모두 알아보았습니다. 수고하셨습니다.

오늘의 라틴어 한마디

Omne initium difficile est.

옴네 이니티움 딮피킬레 에스트.

모든 시작은 어렵기 마련입니다.

❶ 과거형 인칭어미

bam[밤] – bas[바스] – bat[바트]

bamus[바무스] – batis[바티스] – bant[반트]

인칭어미	뜻
bam	내가 ~하고 있었다.
bas	네가 ~하고 있었다.
bat	그/그녀/그것이 ~하고 있었다.
bamus	우리가 ~하고 있었다.
batis	너희가 ~하고 있었다.
bant	그들/그녀들/그것들이 ~하고 있었다.

인칭어미	뜻
bam	
bas	
bat	
bamus	
batis	
bant	

인칭어미	뜻

인칭어미	뜻

❷ 1, 2변화 동사의 미래형 인칭어미

bo[보] – bis[비스] – bit[비트]

bimus[비무스] – bitis[비티스] – bunt[분트]

인칭어미	뜻
bo	내가 할 것이다.
bis	네가 할 것이다.
bit	그/그녀/그것이 할 것이다.
bimus	우리가 할 것이다.
bitis	너희가 할 것이다.
bunt	그들/그녀들/그것들이 할 것이다.

인칭어미	뜻
bo	
bis	
bit	
bimus	
bitis	
bunt	

인칭어미	뜻

인칭어미	뜻

❸ 3, 3 – io, 4변화 동사의 미래형 인칭어미

am[암] – es[에스] – et[에트]

emus[에무스] – etis[에티스] – ent[엔트]

인칭어미	뜻
am	내가 할 것이다.
es	네가 할 것이다.
et	그/그녀/그것이 할 것이다.
emus	우리가 할 것이다.
etis	너희가 할 것이다.
ent	그들/그녀들/그것들이 할 것이다.

인칭어미	뜻
am	
es	
et	
emus	
etis	
ent	

인칭어미	뜻

인칭어미	뜻

aedifico – are [아이디피코-아이디피카레] 세우다, 짓다(1)

cogito – are [코기토-코기타레] 생각하다(1)

laboro – are [라보로-라보라레] 일하다(1)

desidero – are [데시데로-데시데라레] 바라다, 원하다(1)

iuvo – are [유보-유바레] 돕다, 기쁘게 하다(1)

tolero – are [톨레로-톨레라레] 견디다, 참다(1)

probo – are [프로보-프로바레] 입증하다, 시험하다(1)

invideo – ere [인비데오-인비데레] 시기하다(2)

caveo – ere [카베오-카베레] 조심하다(2)

floreo – ere [플로레오-플로레레] 꽃피우다(2)

scribo – ere [스크리보-스크리베레] 쓰다(3)

intellego – ere [인텔레고-인텔레게레] 이해하다(3)

fugio – ere [푸기오-푸게레] 도망가다, 피하다(3 – io)

facio – ere [파키오-파케레] 행하다(3 – io)

sentio – ire [센티오-센티레] 느끼다(4)

동사의 어미를 보고 시제(과거형, 현재형, 미래형)와 주어의 인칭과 수, 그리고 그에 따른 뜻을 쓰세요(과거형은 "~하고 있었다", 현재형은 "~한다", 미래형은 "~할 것이다").

Valebam [과거형 1인칭 단수 / 나는 잘 지내고 있었다]

1. Cogitabam　　　　[　　　　　　　　　/　　　　　　　　　]

2. Iuvabit   [/   ]
3. Tolerabatis   [/   ]
4. Probat   [/   ]
5. Invidebant   [/   ]
6. Cavebunt   [/   ]
7. Scribes   [/   ]
8. Intellegam   [/   ]
9. Faciam   [/   ]
10. Sentiet   [/   ]

라틴어 표현 익히기

고난

1. Hoc quoque transibit! (미드라쉬*)
   이 또한 지나가리라!

2. Forsan et haec olim meminisse iuvabit. (베르길리우스)
   아마도 언젠가는 이를 기억하는 것 역시 즐거울 것입니다.

3. Aut inveniam viam aut faciam. (세네카)
   나는 길을 찾아내거나 그렇지 않으면 만들 것입니다(=어떻게든 되게 할 것입니다).

---

* 랍비들의 성경 주석인 「미드라쉬」는 유대인들에게는 성경과 비슷한 권위로 취급되곤 합니다. 성경 뒤에 숨겨진 다양한 이야기들을 소개해 줍니다. 이는 유대교 율법서에 대한 해석서인 「할라카 미드라쉬」와, 율법이 아닌 구전이나 전설과 같은 구약 이야기를 다루는 「악가다 미드라쉬」로 나뉩니다.

8강
3변화 명사

3변화 명사

1, 2변화 명사 복습

이전에 1변화 명사와 2변화 명사를 공부한 것 기억하시나요? (2~4강 참고) 한동안 동사를 배우느라 명사를 잊어버렸을 수 있기에 다시 배운 내용을 떠올리면서 3변화 명사를 배워 보고자 합니다. 명사 형태를 배울 때는 단수는 밑에서 위로, 복수는 위에서 아래로 내려가며 배웠습니다. 이전에 배운 〈명사의 어미 변화 총정리〉는 14강 [정리 3 - 1], [정리 3 - 2]에서 확인할 수 있습니다(229쪽).

구분	1변화 명사		2변화 명사	
	단수	복수	단수	복수
주격	a	ae	us	i
속격	ae	arum	i	orum
여격	ae	is	o	is
목적격	am	ae	um	os
탈격	a	is	o	is

3변화 명사(단수)

이어서 3변화 명사를 공부해 보겠습니다. 명사는 처음 배울 때 언제나 빈칸을 5개 만들고 시작합니다.

	주격
	속격
	여격
	목적격
	탈격

가장 아래쪽인 탈격부터 시작합니다. 이 자리에는 e[에]가 들어갑니다(가끔은 i[이]일 때가 있습니다).* 항상 탈격은 받침이 없는 깔끔한 소리가 나기에 1변화 명사는 a[아]가, 2변화 명사는 o[오]를 넣은 것을 기억할 겁니다.

* 단수 탈력이 i[이]로 나타나는 3변화 명사 구별법은 「심화편」에서 다룹니다.

	주격
	속격
	여격
	목적격
e	탈격

탈격 바로 위는 목적격이 들어가는 칸입니다. 탈격에서 한 칸 올라갈 때 m소리가 추가된 것 기억하나요?

1변화 명사가 am[암], 2변화 명사가 um[움]이 되었듯이 3변화 명사에서는 em[엠]이 들어갑니다.

	주격
	속격
	여격
em	목적격
	탈격

	주격
	속격
	여격
	목적격
	탈격

구분	1변화 명사	2변화 명사
	단수	단수
주격	a	us
속격	ae	i
여격	ae	o
목적격	am	um
탈격	a	o

목적격 위의 자리는 여격입니다. 여격은 이 형태와 같거나 닮은 것이 어딘가에 있다고 했습니다. 1변화 명사는 바로 위의 칸인 속격과, 2변화 명사는 두 칸 아래인 탈격과 같았습니다.

앞서 3변화 명사의 탈격은 e[에]이거나 가끔은 i[이]라고
했습니다. 이는 e[에]소리가 i[이]소리와 가깝다는 것을 말해
줍니다.* 그리고 3변화 명사 여격은 이 탈격 형태를 따라서
i[이]가 되었습니다. (그러나 여격은 e(에)로 바뀌지 않습니다.)

	주격
	속격
i	여격
	목적격
e (또는 i)	탈격

---

* 어떤 소리끼리 서로 가까운지는 14강 **정리 2** 의 〈라틴어 음운론 – 모음삼각
도〉를 참고해보시면 됩니다.

3변화 명사 여격은 i[이]로 (2변화 명사와 같이) 탈격을 닮아
있습니다. 그런데 (1변화 명사와 같이) 속격과도 유사합니다.
3변화 명사 여격은 i[이]인데 속격은 is[이스]가 됩니다.

지금까지 진행된 3변화 명사 단수를 살
펴보겠습니다.
　한편 3변화 명사 주격의 경우 기본적으
로 정해진 형태가 없기에 지금 시점에서
는 비워두도록 합니다.

격 ＼ 수	어미 (단수)	발음
주격	–	–
속격	is	이스
여격	i	이
목적격	em	엠
탈격	e	에

3변화 명사(복수)

이제 복수로 넘어갑니다.
　앞에서 1변화 명사와 2변화 명사에서 단수 속격과 복수 주격이 같다고 한 것을
기억해 보시기 바랍니다.

구분	1변화 명사		2변화 명사	
	단수	복수	단수	복수
주격	a	ae	us	i
속격	ae	arum	i	orum
여격	ae	is	o	is
목적격	am	ae	um	os
탈격	a	is	o	is

앞서 e[에]소리와 i[이]소리가 가깝다는 이야기를 했습니다. 이번에도 3변화 명사의 단수 속격은 복수 주격으로 갈 때 e[에]와 i[이] 서로 간에 변환이 일어나고 있습니다. 즉 is[이스]였던 단수 속격은 복수 주격으로 갈 때 es[에스]가 됩니다.

격 \ 수	단수	복수
주격		es
속격	is	
여격		
목적격		
탈격		

이번에는 복수 속격을 봅니다. 1변화 복수 명사의 두 번째 자리는 arum[아룸], 2변화 명사의 두 번째 자리는 orum[오룸]이었습니다. 단수 탈격에서 한 칸 올라갈 때 m소리가 나타나듯, 복수 주격에서 한 칸 내려갈 때도 m소리가 나타났던 겁니다.

구분	1변화 명사		2변화 명사	
	단수	복수	단수	복수
주격	a	ae	+ m소리	i	+ m소리
속격	ae	arum	i	orum
여격	ae	is	o	is
목적격	am	ae	um	os
탈격	a	is	o	is

+ m소리

+ m소리

3변화 명사도 복수 속격에서 m소리가
추가됩니다. 그러나 예상되는 형태인
erum[에룸]은 아닙니다. 사뭇 축약된 um[움]
소리로 나옵니다. 그리고 i의 힘이 강한 단
어에서는 ium[이움]이 되기도 합니다.

격＼수	단수	복수
주격		
속격		um 또는 ium
여격		
목적격	em	
탈격		

---

* 1변화 명사는 중심모음이 a이고(arum), 2변화 명사는 중심모음이 o입니다(orum). 그런데 3변화 명사는 중심모음이 없
  거나(그냥 um), i입니다(ium).

복수의 마지막 세 칸은 언제나 한 세트로 생각한다고 했습니다. 한편 이 3변화
명사의 마지막 세 칸은 이전의 명사 유형과는 약간의 차이를 보이게 됩니다.

앞서 1변화 명사와 2변화 명사의 복수 여격과 탈격 형태는 is[이스]로 나타났습니
다. 그런데 3변화 명사에서 복수 여격과 탈격은 ibus[이부스]로 나타납니다.

그러니까 복수 속격에서는 예상되는 형태인 erum[에룸]이 아니라 um[움]이 되어
서 사뭇 축약되었다면, 여격과 탈격에서는 is[이스]에서 ibus[이부스]로 형태가 다시
늘어나서 균형을 맞추게 되었다고 생각하면 쉽습니다.

그리고 복수 목적격은 3변화 명사에서 자주 등장한 모음인 e[에]에 s를 추가해서
만듭니다. 즉 1변화 명사와 2변화 명사의 마지막 세 칸이 각각 is – as – is[이스 – 아
스 – 이스]와 is – os – is[이스 – 오스 – 이스]로 나타나듯, 3변화 명사는 ibus – es – ibus[이부
스 – 에스 – 이부스]가 되었습니다.

이렇게 해서 3변화 명사의 모든 칸이
채워졌습니다. 〈3변화 명사의 어미 변화
총정리〉는 14강 [정리 3 – 3]에서 확인할 수
있습니다(229쪽).

격＼수	단수	복수	
주격	–	es	에스
속격	is	(i)um	움
여격	i	ibus	이부스
목적격	em	es	에스
탈격	e	ibus	이부스

이번 강의 첫 번째 〈따라쓰기〉는 "3변화 명사 단수의 어미 변화"(속격부터)입니다. "is[이스] – i[이] – em[엠] – e[에]" 그리고 두 번째 〈따라쓰기〉는 "3변화 명사 복수의 어미 변화"입니다. "es[에스] – um[움] – ibus[이부스] – es[에스] – ibus[이부스]"

3변화 명사의 성(性)

이제 3변화 명사의 성만 생각해 보면 됩니다. 1변화 명사 a – ae…[아 – 아이]는 일반적으로 여성형, 2변화 명사 us – i…[우스 – 이]는 일반적으로 남성형 단어였습니다. 그리고 2변화 명사에는 um – i…[움 – 이]로 변하는 중성형 단어도 있었습니다.

1변화 명사 ···▸ 어미가 a – ae…로 바뀐다 ···▸ 여성형 단어

2변화 명사 ···▸ 어미가 us – i…로 바뀐다 ···▸ 남성형 단어

2변화 명사 ···▸ 어미가 um – i…로 바뀐다 ···▸ 중성형 단어

한편 3변화 명사는 앞에서 형태를 배울 때도 약간씩 독특한 점을 보여 주었는데, 성에 있어서 가장 유별난 점을 보이게 됩니다. 이는 **3변화 명사가 형태를 통해서 성을 추론하기 어렵다**는 것입니다. a – ae[아 – 아이]처럼 변해서 여성형 단어가, us – i[우스 – 이]로 변해서 남성형 단어가, um – i[움 – 이]로 변해서 중성형 단어가 되는 것이 아니라는 말입니다.

3변화 명사는 **각 단어별로** 성을 기계적으로 **외워서 구별**하는 수밖에 없습니다. 그러면 3변화 명사인 몇 가지 단어를 예시로 살펴보도록 하겠습니다. 형태는 완전히 똑같이 변하는데도, 어떤 단어는 여성형이고 또 다른 단어는 남성형이라는 사실을 확인해 보시기 바랍니다.

구분		어미 변화	3변화 명사			
			여성형 (어간:veritat)		남성형 (어간:homin)	
			진리	발음	사람	발음
단수	주격	–	veritas	베리타스	homo	호모
	속격	is	veritatis	베리타티스	hominis	호미니스
	여격	i	veritati	베리타티	homini	호미니
	목적격	em	veritatem	베리타템	hominem	호미넴
	탈격	e	veritate	베리타테	homine	호미네
복수	주격	es	veritates	베리타테스	homines	호미네스
	속격	um	veritatum	베리타툼	hominum	호미눔
	여격	ibus	veritatibus	베리타티부스	hominibus	호미니부스
	목적격	es	veritates	베리타테스	homines	호미네스
	탈격	ibus	veritatibus	베리타티부스	hominibus	호미니부스

따라서 3변화 명사를 공부할 때는 다음과 같은 이해가 필요합니다.

첫째, 각 단어마다 성을 반드시 암기한다.
둘째, 3변화 명사는 단수 속격부터 규칙 변화 형태가 나타난다(단수 주격에 정해진 형태란 것이 없다).

이처럼 3변화 명사에서 격에 따라 변하지 않는 부분인 **어간은** (처음 규칙 변화 형태가 나타나기 시작하는) **속격에서 찾아야** 합니다.

3변화 명사 중성형

또한 2변화 명사에 중성형이 있듯이 3변화 명사에도 중성형이 있습니다. 그러나 다행스럽게도 3변화 명사의 중성형 단어는 2변화 명사 때 중성형 단어가 가졌던 법칙을 거의 동일하게 공유합니다.

2변화 명사 중성형	3변화 명사 중성형
1. 주격과 목적격은 항상 같다. 2. 복수 주격과 목적격은 항상 a[아]이다.	1. 단수 주격의 형태는 불규칙적이고 단수 목적격은 그 형태를 따라간다. 2. 복수 주격과 목적격의 형태는 a[아] 또는 ia[이아]이다.

표를 통해 2변화 명사와 3변화 명사에서의 중성형 어 변화를 비교해 보도록 하겠습니다. 중성형 단어의 공통된 원리를 염두에 두면서 2변화 명사와 3변화 명사 간 차이가 있는 부분을 중심으로 살펴보면 됩니다.

구분		2변화 명사		3변화 명사		
		남성형	중성형	남·여성형	중성형	
단수	주격	us	um	−	−	불규칙
	속격	i	i	is	is	이스
	여격	o	o	i	i	이
	목적격	um	um	em	−	불규칙
	탈격	o	o	e(또는 i)	e(또는 i)	에(이)
복수	주격	i	a	es	a 또는 ia	아/이아
	속격	orum	orum	um 또는 ium	um 또는 ium	움/이움
	여격	is	is	ibus	ibus	이부스
	목적격	os	a	es	a 또는 ia	아/이아
	탈격	is	is	ibus	ibus	이부스

마지막으로, 위에서 보듯 3변화 명사 중에 유독 i[이]의 힘이 강하게 등장하는 단어들이 있다는 것을 기억해 봅니다. 즉 단수 탈격e[에]가 i[이]가 되거나, 복수 속격 um[움]이 ium[이움]이 되는 경우 그리고 중성형에서 복수 주격과 목적격이 a[아]대신

ia[이아]가 나타나는 것입니다. (e 대신 i를 사용하는) i의 힘이 강한 라틴어 단어는 고전 시대 이전 라틴어의 흔적을 그대로 가지고 있는 것입니다. 심지어 "탑"을 뜻하는 단어 turris는 단수 탈격과 더불어 목적격에서까지 e 대신 i를 쓰기도 합니다(탈격은 e 대신 i, 목적격은 em 대신 im). 그러나 이런 단어는 소수이기에 나올 때에 한 번 기억하고 넘어가면 됩니다.

이렇게 해서 3변화 명사 공부도 모두 마쳤습니다. 다음 강의에서는 형용사를 공부해 보겠습니다.

오늘의 라틴어 한마디

Luceat lux vestra!

루케아트 룩스 베스트라!

여러분의 빛을 비쳐 보이십시오!

❶ 3변화 명사 단수의 어미 변화 (속격부터)

is[이스] – i[이] – em[엠] – e[에]

–	주격				
is	속격				
i	여격				
em	목적격				
e	탈격				

❷ 3변화 명사 복수의 어미 변화

es[에스] – um[움] – ibus[이부스] – es[에스] – ibus[이부스]

es	주격				
um	속격				
ibus	여격				
es	목적격				
ibus	탈격				

veritas – veritatis [베리타스-베리타티스] 진리, 진실(f)

brevitas – brevitatis [브레비타스-브레비타티스] 짧음, 간결(f)

lux – lucis [룩스-루키스] 빛(f)

ars – artis [아르스-아르티스] 기술, 기예(f)

mens – mentis [멘스-멘티스] 정신, 마음(f)

necessitas – necessitatis [네케씨타스-네케씨타티스] 필요, 긴요, 숙명(f)

mater – matris [마테르-마트리스] 어머니(f)

pater – patris [파테르-파트리스] 아버지(m)

homo – hominis [호모-호미니스] 사람(m)

amor – amoris [아모르-아모리스] 사랑(m)

rex – regis [렉스-레기스] 왕, 통치자(m)

miles – militis [밀레스-밀리티스] 군인(m)

corpus – corporis [코르푸스-코르포리스] 몸(n)

tempus – temporis [템푸스-템포리스] 시간(n)

carmen – carminis [카르멘-카르미니스] 노래, 시(n)

nomen – nominis [노멘-노미니스] 이름, 제목(n)

8강
학습영상

다음을 보고 3변화 명사로 가능한 성과 격, 그리고 그에 따른 뜻을 적어 보세요.

Veritatis [여성형 – 단수 속격 – 진리의]

1. Veritas [　　　　　　　　　　　　　　　　　]

2. Brevitate [　　　　　　　　　　　　　　　　　]

3. Lucem [　　　　　　　　　　　　　　　　　]

4. Artis [　　　　　　　　　　　　　　　　　]

5. Artem [　　　　　　　　　　　　　　　　　]

6. Artium [　　　　　　　　　　　　　　　　　]

7. Mentibus [　　　　　　　　　　　　　　　　　]

8. Reges [　　　　　　　　　　　　　　　　　]

9. Militi [　　　　　　　　　　　　　　　　　]

10. Carmina [　　　　　　　　　　　　　　　　　]

라틴어 표현 익히기

진리

1. Veritas in brevitate.

   간결함 안에 담긴 진리.

2. Ars artis est celare artem. (속담)

   기술 중 기술은 그 기술을 숨기는 것입니다. (= 최고의 기술은 숨길 줄 아는 것입니다.)

3. Mater artium necessitas. (아풀레이우스*)

   필요는 기술들의 어머니입니다. (= 기술들은 필요로 인해 발명됩니다.)

---

* 아풀레이우스(Lucius Apuleius)는 플라톤 학파의 영향을 받은 철학자입니다. 그는 위기의 상황을 지혜롭게 극복한 웅변가이며 완성된 형태로는 가장 오래된(2세기) 라틴어 소설 『변형담』(Metamorphoses)을 쓴 소설가로 여겨집니다. 이 소설은 (저명한 로마시인 오비디우스의 『변신 이야기』와 이름이 같아 혼동을 피하기 위해) 『황금 당나귀』로 불리게 됩니다. 『황금 당나귀』는 당나귀로 변하게 된 주인공이 당나귀 시각으로 인간에 대한 반성과 깨달음을 탁월하게 보여 주는 인류의 고전입니다.

9강
형용사

학습목표

1, 2변화 형용사와 **3변화 형용사**를 알맞게 기재하고
그 형태를 알아볼 수 있다.

형용사

형용사 기초

이번 강의에서는 형용사를 배웁니다. 형용사는 영어에서 약어 'adj'로 쓰이는데, 이는 라틴어 "nomen adiectivum" 즉 명사(nomen)에 덧붙인 것(adiectivum*)이라는 말에서 왔습니다.

형용사는 명사를 수식합니다.** 그리고 라틴어 형용사는 명사를 수식할 때 꾸며주려는 말과 동일한 구조를 취해야 합니다. 즉 형용사의 격/수/성을 명사와 맞춰주어야 합니다. 앞서 명사 변화의 세 가지 유형을 살펴보았습니다. 각 유형의 명사는 문장의 각 자리에 적합하게 사용하기 위해 (주격, 속격, 여격, 목적격, 탈격이라는) '격'과 (단수와 복수라는) '수'을 알아야 했습니다. 또 '성'에 따라 1변화 명사(여성형)와 2변화 명사(남성형, 중성형) 그

* adiectivum[아디엑티붐]의 기본형인 adicio[아디키오]는 누구에게 던지다, 또는 무언가를 덧붙이거나 강화시킨다는 말입니다.

** 참고로, 형용사가 명사를 꾸며주지 않고 동사의 역할을 대신할 때도 있습니다. 즉 영어에서 'happy'가 '행복한'으로 명사를 수식할 때도 있지만(관형적 용법) 'be happy'처럼 쓰여서 누가 '행복하다'로 쓸 때와 같습니다(서술적 용법). 한국어 품사에서는 형용사(서술적 용법)와 동사를 함께 **정리1** 의 〈한국어 품사론과 라틴어 품사론〉을 참고해 보시기 바랍니다(225쪽).

리고 3변화 명사(남성형, 여성형, 중성형)로 나타났습니다.

형용사는 크게 두 가지 유형으로 나뉘는데, 형용사 변화의 표를 살펴보면 다음과 같습니다. 다행히도 이미 배운 명사의 격/수/성이 거의 그대로 적용되고 있습니다. 따라서 라틴어 형용사에서 따로 외워야 할 어미 변화는 없습니다(3변화 형용사에서만 i가 3변화 명사보다 조금 더 많이 나옵니다).

구분		1, 2변화 형용사			3변화 형용사	
		남성형	여성형	중성형	남·여성형	중성형
단수	주격	us	a	um	–	–
	속격	i	ae	i	is	is
	여격	o	ae	o	i	i
	목적격	um	am	um	em	–
	탈격	o	a	o	i (e를 대신함)	i (e를 대신함)
복수	주격	i	ae	a	es	ia
	속격	orum	arum	orum	ium	ium
	여격	is	is	is	ibus	ibus
	목적격	os	as	a	es	ia
	탈격	is	is	is	ibus	ibus

한편 형용사에서 주의할 점은 1, 2변화 형용사가 1변화 명사나 2변화 명사만 꾸며주지 않는다는 데 있습니다. 즉 1, 2변화 형용사가 3변화 명사를 꾸밀 수 있고, 3변화 형용사가 1변화 명사나 2변화 명사를 꾸

* 형용사가 하나의 명사 변화 유형을 이미 가지고 있으면서 그것이 수식하는 또 다른 유형의 명사와 구조(격/수/성)를 맞춰주어야 한다는 것을 가리키는 말입니다.

밀 수 있습니다. 예를 들어 (3변화 명사처럼 변하는) 3변화 형용사가 1변화 명사를 수식하는 경우에는, 3변화 형용사의 속격인 is[이스]가 1변화 명사의 속격인 ae[아이]를 꾸며주게 됩니다. 말하자면 형용사는 명사의 어미 변화들을 '뒤섞이게 만든다는 점*

에서 어렵고, 또 연습을 필요로 하는 겁니다. 다음은 명사와 형용사 사이에 일어날 수 있는 다양한 조합의 경우들입니다. 이처럼 1, 2변화 형용사가 모든 유형의 명사를 꾸밀 수 있고, 3변화 형용사도 마찬가지입니다.

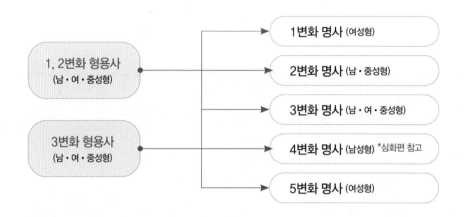

1, 2변화 형용사

이어서 형용사의 두 가지 유형을 하나씩 살펴보고자 합니다. 먼저 1, 2변화 형용사입니다. 형용사의 어미 변화는 명사의 어미 변화와 비슷하지만, 사전형으로는 다르게 기재한다는 사실을 아는 것이 중요합니다. 앞서 명사는 사전에서 "주격 – 속격, 뜻(성)"으로 쓴다고 했던 것을 기억하시나요? 그런데 형용사는 성을 기준으로 해서 "남성형 – 여성형 – 중성형"을 한 세트로 기재합니다. 그리고 각 성에 있어서는 변화의 시작점이 되는 각 성별 단수 주격만 적습니다.

예를 들어 설명해 보겠습니다. 라틴어 어근 magn[마그느]는 '위대함' 또는 '거대함'이라는 뜻을 가지고 있습니다. 이 어근을 가지고 만들어지는 형용사의 사전형은 다음과 같습니다.

1, 2변화 형용사 "magnus – magna – magnum[마그누스 – 마그나 – 마그눔] 위대한"

여기서 여성형 단수 주격(magna[마그나])와 중성형 단수 주격(magnum[마그눔])의

magn[마그느]는, 남성형 단수(magnus[마그누스])와 공통되고 있으므로 자주 생략되곤 합니다. 따라서 위의 경우보다 하단과 같이 더 많이 기재됩니다.

"magnus – a – um[마그누스 – 마그나 – 마그눔] 위대한 "

이처럼 1, 2변화 명사의 성별에 따른 단수 주격 형태를 제시하는 것이 1, 2변화 형용사입니다. **1, 2변화 형용사는 "남성형(us) – 여성형(a) – 중성형(um)" 꼴을 취합니다.**

> 어미가 a – ae로 변하는 명사 ⋯▶ 1변화 명사로 여성형 ⋯▶ 형용사의 여성형 단수 주격은 a

> 어미가 us – i로 변하는 명사 ⋯▶ 2변화 명사로 남성형 ⋯▶ 형용사의 남성형 단수 주격은 us

> 어미가 um – i로 변하는 명사 ⋯▶ 2변화 명사로 중성형 ⋯▶ 형용사의 중성형 단수 주격은 um

이번에는 위 형용사와 그 수식을 받는 명사가 함께 나온 경우를 생각해 봅니다. 앞서 '여학생'을 뜻하는 1변화 명사인 discupula[디스키풀라]의 어미 변화를 공부했습니다. 이 단어를 "magnus – a – um[마그누스 – 마그나 – 마그눔] 위대한"이라는 형용사가 수식하려면 어떻게 될까요? discipula[디스키풀라]는 여성형 단어이기에 남성형 형용사인 magnus[마그누스]가 꾸밀 수 없습니다. 즉 discipula magnus[디스키풀라 마그누스]는 수식 관계가 될 수 없는 말인 겁니다. 말하자면 discipula[디스키풀라]를 이 형용사가 꾸며 주려면 magna[마그나]라는 여성형 어미를 붙인 형태가 와야 합니다. "discipula magna 위대한 소녀[디스키풀라 마그나]"

이어서 위 형용사로 3변화 명사 "homo – hominis[호모 – 호미니스] 사람(m)"을 꾸미는 경우를 생각해 봅니다(3변화 명사는 형태만 가지고는 성을 알 수 없기에 각 단어마다 성도 외워야 하는데, 이 단어는 남성형입니다).

구분		1, 2변화 형용사	3변화 명사	최종 형태[*]	
		남성형	남성형	남성형	
단수	주격	magnus	homo	magnus homo	마그누스 호모
	속격	magni	hominis	magni hominis	마그니 호미니스
	여격	magno	homini	magno homini	마그노 호미니
	목적격	magnum	hominem	magnum hominem	마그눔 호미넴
	탈격	magno	homine	magno homine	마그노 호미네
복수	주격	magni	homines	magni homines	마그니 호미네스
	속격	magnorum	hominum	magnorum hominum	마그노룸 호미눔
	여격	magnis	hominibus	magnis hominibus	마그니스 호미니부스
	목적격	magnos	homines	magnos homines	마그노스 호미네스
	탈격	magnis	hominibus	magnis hominibus	마그니스 호미니부스

3변화 형용사

1, 2변화 형용사에 이어서 3변화 형용사도 살펴보겠습니다. 3변화 형용사를 사전에 기재하는 방법은 세 가지가 있습니다. (1) 각 성별 주격을 "남성형 – 여성형 – 중성형"으로 기재하는 방법, (2) 남성형과 여성형의 단수 주격이 동일해서 "남·여성형 – 중성형"으로 기재하는 방법, (3) 남성형과 여성형과 중성형의 단수 주격이 모두 동일해서 "남·여·중성형의 단수 주격 – 단수 속격"으로 기재하는 방법입니다.

[*] 편의상 영어의 일반적인 어순을 따라 형용사를 명사 앞에 썼지만 라틴어는 어순이 자유롭고, 형용사가 명사 뒤에 나올 경우가 더 많습니다. 그리고 형용사는 격/수/성이 일치하면 어느 위치에서도 수식이 가능합니다.

참고로, 라틴어의 문장에서 주어와 목적어 그리고 동사가 나올 때는 (영어가 주어와 동사 그리고 목적어 순서를 취하는 것과 달리) 한국어처럼 주어, 목적어, 동사 순서인 "아만다는 소년에게 선물을 주었다"는 식의 어순으로 많이 나옵니다.

3변화 형용사 (1) : 남성형 – 여성형 – 중성형

먼저 3변화 형용사를 1, 2변화 형용사 "us – a – um[우스 – 아 – 움]"처럼 **각각의 성별 단수 주격으로 제시하는 방법**부터 살펴보겠습니다.

예시 단어는 '날카로움'이라는 어근 acr[아크르]로 만들어진 형용사 "acer[아케르], acris[아크리스], acre[아크레] 날카로운/예리한"입니다. 위 세 개는 1, 2변화 형용사와 같이 각각 성별 단수 주격을 나타냅니다. 즉 acre[아크레]는 남성형, acris[아크리스]는 여성형, acre[아크레]는 중성형 단수 주격입니다.

그런데 이 3변화 형용사는 남성형, 여성형, 중성형에서 각각의 어미 변화를 어떻게 하게 될까요? 3변화 명사는 주격에 정해진 패턴이 없어서 속격에서 어간을 찾는데, 이 3변화 형용사는 속격이 제시되지 않으니 말입니다. 이와 같은 경우 3변화 형용사에서 세 가지로 제시된 성별 단수 주격 중 두 번째(여성형)나 세 번째(중성형) 자리에서 어간을 확인할 수 있습니다. 즉 "acer[아케르], acris[아크리스], acre[아크레]" 중 여성형인 acris[아크리스]에서 격 어미 is[이스]만 제외하면 acr[아크르]라는 어간을 찾을 수 있습니다. 이렇게 어간만 찾으면 나머지 격에서는 하단과 같이 3변화 명사처럼 바꾸면 됩니다.

* 단수 탈격에서 3변화 명사는 주로 e[에]로 나오지만 3변화 형용사는 주로 i[이]로 나옵니다.

** 복수 속격에서 3변화 명사는 주로 um[움]으로 나오지만 3변화 형용사는 주로 ium[이움]으로 나옵니다.

3변화 명사		3변화 형용사 예시 단어					
남·여성형	중성형	남성형		여성형		중성형	
–	–	acer	아케르	acris	아크리스	acre	아크레
is	is	acris		아크리스	acris	아크리스	
i	i	acri		아크리	acri	아크리	
em	–	acrem		아크렘	acre	아크레	
e 또는 i	e 또는 i	acri*		아크리	acri	아크리	
es	a 또는 ia	acres		아크레스	acria	아크리아	
(i)um	(i)um	acrium**		아크리움	acrium	아크리움	
ibus	ibus	acribus		아크리부스	acribus	아크리부스	
es	a 또는 ia	acres		아크레스	acria	아크리아	
ibus	ibus	acribus		아크리부스	acribus	아크리부스	

이처럼 3변화 형용사는 3변화 명사가 성에 따라 구별되는 어미 변화의 차이가 없었듯, 남성형과 여성형의 형태는 주격을 제외하고 모두 같고, 중성형은 주격과 목적격이 같다는 고유의 특성을 제외하고는 남·여성형과 모두 동일한 형태가 됩니다.

3변화 형용사 (2) : 남·여성형 – 중성형

3변화 형용사는 "남성형 – 여성형 – 중성형"이 아니라 (남성형과 여성형 단수 주격이 같아서) "**남·여성형 – 중성형**" 형태로 제시되기도 합니다. 즉 남성형이 여성형의 형태를 따라갔기에 남성형 – 여성형에서 같은 단어를 굳이 쓸 필요가 없어진 겁니다. 이때 제시되는 어미는 **is**[이스], **e**[에]입니다. 가령 "dulcis[둘키스] – dulce[둘케] 달콤한"이라는 3변화 형용사에서 남성형과 여성형 단수 주격은 모두 dulcis[둘키스]이고, 중성형 단수 주격은 dulce[둘케]입니다.

그리고 이때 이 단어의 어간은 남성형이자 여성형에서 찾아도 됩니다. 즉 is[이스] 앞에 있는 모양이 어간이 되는 겁니다. dulcis[둘키스]에서는 dulc[둘크]가 어근입니다.

구분		남·여성형		중성형	
단수	주격	dulcis	둘키스	dulce	둘케
	속격	dulcis	둘키스	dulcis	둘키스
	여격	dulci	둘키	dulci	둘키
	목적격	dulcem	둘켐	dulce	둘케
	탈격	dulci	둘키	dulci	둘키
복수	주격	dulces	둘케스	dulcia	둘키아
	속격	dulcium	둘키움	dulcium	둘키움
	여격	dulcibus	둘키부스	dulcibus	둘키부스
	목적격	dulces	둘케스	dulcia	둘키아
	탈격	dulcibus	둘키부스	dulcibus	둘키부스

3변화 형용사 (3) : 남·여·중성형의 단수 주격 – 단수 속격

마지막으로 3변화 형용사에는 남성형과 여성형과 중성형의 단수 주격 형태가 모두 같아지는 경우가 있습니다. 단수 주격이 남성형과 여성형뿐 아니라 중성형까지 같아지는 상황입니다. 이때 중성형은 주격과 목적격이 같아지는 중성법칙을 제외하고는 나머지 모든 어미 변화에서 남·여성형과 동일해 집니다.

그리고 이와 같은 3변화 형용사는 3변화 명사와 같이 "주격 – 속격, 뜻"으로 기재합니다. 이때 3변화 형용사임을 알 수 있게 해주는 것은 무엇일까요?

3변화 명사에서 "veritas – veritatis[베리타스 – 베리타티스] 진리(f)"와 같이 "주격 – 속격, 명사의 뜻(성)"으로 기재한 것처럼 3변화 형용사는 "potens – potentis[포텐스 – 포텐티스] 유능한"과 같이 "주격 – 속격, 형용사의 뜻"으로 적게 됩니다. 다만 형용사를 외울 때는 성을 적지 않는데, 이는 형용사 자체는 고유한 성을 갖는 것이 아니라 모든 성을 꾸며 줄 수 있기 때문입니다.

'유능한'이라는 뜻을 가진 3변화 형용사 "potens – potentis[포텐스 – 포텐티스]"의 변화표를 살펴볼까요? 이 단어의 어간은 potent[포텐트]입니다.

구분		남·여성형		중성형	
단수	주격	potens	포텐스	potens	포텐스
	속격	potentis	포텐티스	potentis	포텐티스
	여격	potenti	포텐티	potenti	포텐티
	목적격	potentem	포텐템	potens	포텐스
	탈격	potenti	포텐티	potenti	포텐티
복수	주격	potentes	포텐테스	potentia	포텐티아
	속격	potentium	포텐티움	potentium	포텐티움
	여격	potentibus	포텐티부스	potentibus	포텐티부스
	목적격	potentes	포텐테스	potentia	포텐티아
	탈격	potentibus	포텐티부스	potentibus	포텐티부스

정리합니다. 먼저 형용사의 형태 변화는 다음과 같이 명사의 경우와 거의 같습니다.

구분		1, 2변화 형용사			3변화 형용사	
		남성형	여성형	중성형	남·여성형	중성형
단수	주격	us	a	um	–*	–
	속격	i	ae	i	is	is
	여격	o	ae	o	i	i
	목적격	um	am	um	em	–
	탈격	o	a	o	i	i
복수	주격	i	ae	a	es	ia
	속격	orum	arum	orum	ium	ium
	여격	is	is	is	ibus	ibus
	목적격	os	as	a	es	ia
	탈격	is	is	is	ibus	ibus

또한 사전형 기재법은 1, 2변화 형용사는 "남성형 – 여성형 – 중성형"으로 그 어미는 "us – a – um"이나, 3변화 형용사는 이름이 3변화이고 (형태가 중복될 수 있는) 성이 세 가지이듯, 종류도 세 가지입니다. 즉 남성형, 여성형, 중성형이 모두 다르면 구성을 성별로 세 개를 적고, 두 개가 같으면 두 개로 적고, 다 똑같으면 하나를 적되 속격도 추가해서 기재하는 것입니다.

> * 남·여성형은 단수 주격이 다르더라도 나머지 격에서는 모든 격 어미가 같습니다.

불규칙 형용사

마지막으로 1, 2변화 형용사와 3변화 형용사의 특성이 섞여서 나타나는 '불규칙 형용사'를 살핍니다. 불규칙 형용사는 단수 속격과 여격은 3변화 형용사(is[이스] –

i[이]) 유형을 따라 **"ius[이우스] – i[이]"**로 나타나고, **나머지는 각각의 성별로 1, 2변화 형용사의 변화를 따릅니다.**

구분		1, 2변화 형용사			3변화 형용사	
		남성형	여성형	중성형	남·여성형	중성형
단수	주격	us	a	um	–	–
	속격	i	ae	i	is	is
	여격	o	ae	o	i	i
	목적격	um	am	um	em	–
	탈격	o	a	o	i	i
복수	주격	i	ae	a	es	ia
	속격	orum	arum	orum	ium	ium
	여격	is	is	is	ibus	ibus
	목적격	os	as	a	es	ia
	탈격	is	is	is	ibus	ibus

이 부분만 표로 다시 한 번 정리하면 다음과 같습니다.

구분		남성형	여성형	중성형
단수	주격	–	–	–
	속격		ius	
	여격		i	
	목적격	um	am	um
	탈격	o	a	o
복수	주격	i	ae	a
	속격	orum	arum	orum
	여격	is	is	is
	목적격	os	as	a
	탈격	is	is	is

아래는 '유일한'이라는 뜻을 가진 불규칙 형용사의 예시 단어 "solus – a – um[솔루스 – 솔라 – 솔룸]" 변화표입니다.

구분		남성형		여성형		중성형	
단수	주격	solus	솔루스	sola	솔라	solum	솔룸
	속격	solius					솔리우스
	여격	soli					솔리
	목적격	solum	솔룸	solam	솔람	solum	솔룸
	탈격	solo	솔로	sola	솔라	solo	솔로
복수	주격	soli	솔리	solae	솔라이	sola	솔라
	속격	solorum	솔로룸	solarum	솔라룸	solorum	솔로룸
	여격	solis	솔리스	solis	솔리스	solis	솔리스
	목적격	solos	솔로스	solas	솔라스	sola	솔라
	탈격	solis	솔리스	solis	솔리스	solis	솔리스

다음 강의에서는 대명사를 공부합니다. 이 대명사의 형태가 변화하는 방법은 방금 살핀 불규칙 형용사의 것과 똑같습니다. 따라서 대명사를 설명할 때는 위 불규칙 형용사를 '대명사적 형용사'(pronominal adiectives)로 지칭하게 될 것입니다.

이번 강의 〈따라쓰기〉는 1, 2변화 형용사와 3변화 형용사의 형태가 혼합된 대명사적 형용사(불규칙 형용사)의 형태를 익히고, 다음 강의 대명사를 준비하는 차원에서 "solus – a – um[솔루스 – 솔라 – 솔룸] 유일한"의 변화형을 공부하도록 합니다. 다른 모든 형용사의 변화는 명사 변화와 거의 동일하기에 따로 외울 패러다임이 없기 때문입니다.

✫ solus – a – um[솔루스 – 솔라 – 솔룸]의 남성형 변화

solus[솔루스] – solius[솔리우스] – soli[솔리] – solum[솔룸] – solo[솔로],

soli[솔리] – solorum[솔로룸] – solis[솔리스] – solos[솔로스] – solis[솔리스]

✫ solus – a – um[솔루스 – 솔라 – 솔룸]의 여성형 변화

sola[솔라] – solius[솔리우스] – soli[솔리] – solam[솔람] – sola[솔라],

solae[솔라이] – solarum[솔라룸] – solis[솔리스] – solas[솔라스] – solis[솔리스]

✫ solus – a – um[솔루스 – 솔라 – 솔룸]의 중성형 변화

solum[솔룸] – solius[솔리우스] – soli[솔리] – solum[솔룸] – solo[솔로],

sola[솔라] – solorum[솔로룸] – solis[솔리스] – sola[솔라] – solis[솔리스]

정말로 수고 많으셨습니다!

오늘의 라틴어 한마디

Non ducor, duco.

논 두코르 두코.

나는 이끌리지 않으며, 내가 이끕니다.

Festina lente!

페스티나 렌테!

천천히 서둘러라!

1, 2변화 형용사 중 남성형 단수 주격이 −us[우스] 대신에 −er[에르]로 나타나는 유형이 두 가지 있습니다. 이를 각 유형에 해당하는 대표적인 예시 단어들로 공부해 보겠습니다.

❶ 첫 번째로 '자유로운'을 뜻하는 1, 2변화 형용사 "liber[리베르] − libera[리베라] − liberum[리베룸]"은 남성형 단수 주격만 er로 끝나며 나머지 격에서는 1, 2변화 명사나 형용사와 똑같이 변합니다. 즉 남성형의 경우 liber[리베르] − liberi[리베리] − libero[리베로] − liberum[리베룸] − libero[리베로]…로 변합니다. 또한 여성형과 중성형도 liber[리베르]에 1, 2변화 형용사처럼 격 어미만 똑같이 추가하면 됩니다. 이는 결론적으로 남성형 단수 주격만 liberus[리베루스]에서 us[우스]만 생략되었다고 보면 됩니다[관련해서, 4강의 보충학습(68쪽)을 다시 참고해보세요].

구분		남성형	여성형	중성형
단수	주격	liber ※us 생략	libera	liberum
	속격	liberi	liberae	liberi
	여격	libero	liberae	libero
	목적격	liberum	liberam	liberum
	탈격	libero	libera	libero
복수	주격	liberi	liberae	libera
	속격	liberorum	liberarum	liberorum
	여격	liberis	liberis	liberis
	목적격	liberos	liberas	libera
	탈격	liberis	liberis	liberis

❷ 두 번째로 남성형 단수 주격이 −er로 끝나는 단어 중 e는 생략되고 r만 남으면서 변화하는 경우가 있습니다. 가령 '아름다운'을 뜻하는 "pulcher[풀케르] − pulchra[풀크라] − pulchrum[풀크룸]"이라는 단어입니다. 이 단어의 어간은 남성형이 아닌 여성형 또는 중성형에서 찾아 pulche[풀케]가 아닌 pulchr[풀크르]가 됩니다. 남성형 단수 주격 pulcher[풀케르]에서 e가 없어지고 r만 남은 pulchr[풀크르]가 어간이 된 것입니다. 위에서 본 단어와 같이 나머지 격 어미는 1, 2변화 형용사와 모두 동일합니다.

구분		남성형	여성형	중성형
단수	주격	pulcher	pulchra	pulchrum
	속격	pulchri	pulchrae	pulchri
	여격	pulchro	pulchrae	pulchro
	목적격	pulchrum	pulchram	pulchrum
	탈격	pulchro	pulchra	pulchro
복수	주격	pulchri	pulchrae	pulchra
	속격	pulchrorum	pulchrarum	pulchrorum
	여격	pulchris	pulchris	pulchris
	목적격	pulchros	pulchras	pulchra
	탈격	pulchris	pulchris	pulchris

보충학습   여러 가지 불규칙 형용사

불규칙 형용사(대명사적 형용사)는 아래의 여덟가지 형용사와 (앞서 배운) solus 변화를 포함해서 총 아홉가지 입니다.

　　1. alius – alia – aliud 다른 어떤 것 (other이나 another [알리우스 – 알리아 – 알리우드])

　　2. alter – altera – alterum (둘 중의) 다른 하나 (the other [알테르 – 알테라 – 알테룸])

　　3. uter – utra – utrum 둘 중 어느 것이나 (either of two [우테르 – 우트라 – 우트룸])

　　4. neuter – neutra – neutrum 둘 다 아닌 (neither of two [네우테르 – 네우트라 – 네우트룸])

　　5. ullus – ulla – ullum 어떤, 어느 (any [울루스 – 울라 – 울룸])

　　6. nullus – nulla – nullum 어느 것도 아닌 (not any [눌루스 – 눌라 – 눌룸])

　　7. unus – una – unum 하나의 (one [우누스 – 우나 – 우눔])

　　8. totus – tota – totum 모든 (whole [토투스 – 토타 – 토툼])

이 단어들의 모든 변화 형태는 14강의 정리 5 에서 확인할 수 있습니다(233~238쪽).

❶ solus – a – um[솔루스 – 솔라 – 솔룸]의 남성형 변화

solus[솔루스] – solius[솔리우스] – soli[솔리] – solum[솔룸] – solo[솔로]

soli[솔리] – solorum[솔로룸] – solis[솔리스] – solos[솔로스] – solis[솔리스]

solus			
solius			
soli			
solum			
solo			
soli			
solorum			
solis			
solos			
solis			

❷ solus – a – um[솔루스 – 솔라 – 솔룸]의 여성형 변화

sola[솔라] – solius[솔리우스] – soli[솔리] – solam[솔람] – sola[솔라]

solae[솔라이] – solarum[솔라룸] – solis[솔리스] – solas[솔라스] – solis[솔리스]

sola			
solius			
soli			
solam			
sola			
solae			
solarum			
solis			
solas			
solis			

❸ solus – a – um[솔루스 – 솔라 – 솔룸]의 중성형 변화

solum[솔룸] – solius[솔리우스] – soli[솔리] – solum[솔룸] – solo[솔로]

sola[솔라] – solorum[솔로룸] – solis[솔리스] – sola[솔라] – solis[솔리스]

solum			
solius			
soli			
solum			
solo			
sola			
solorum			
solis			
sola			
solis			

9강
학습영상

bonus – a – um [보누스-보나-보눔] 좋은

magnus – a – um [마그누스-마그나-마그눔] 큰, 거대한

parvus – a – um [파르부스-파르바-파르붐] 작은, 적은

multus – a – um [물투스-물타-물툼] 많은

sanus – a – um [사누스-사나-사눔] 건강한, 바른

meus – a – um [메우스-메아-메움] 나의 것

tuus – a – um [투우스-투아-투움] 너의 것

facilis – e [파킬리스-파킬레] 쉬운

difficilis – e [디피킬리스-디피킬레] 어려운

dulcis – e [둘키스-둘케] 달콤한

omnis – e [옴니스-옴네] 모든

ingens – ingentis [인겐스-인겐티스] 거대한, 과도한, 중요한*

potens – potentis [포텐스-포텐티스] 유능한

vehemens – vehementis [베헤멘스-베헤멘티스] 격렬한

> * 남성형, 여성형, 중성형 단수 주격이 모두 동일한 3변화 형용사는 단수 주격과 속격을 어간 축약 없이 기재합니다.

❶ 형용사의 성, 수, 격과 그 뜻을 적으세요.

> 형용사 번역은 "~한 것"을 넣어 격의 뜻에 맞게 적절하게 번역하기로 합니다.
>
> 예를 들어, magni : 남성형 / 단수 속격 / 거대한 것의
> 남성형 / 복수 주격 / 거대한 것들이
> 중성형 / 단수 속격 / 거대한 것의

1. Parva   [   ]

2. Sanae   [   ]

3. Meo   [   ]

4. Tuis   [   ]

5. Difficile   [   ]

6. Omnium   [   ]

❷ 명사의 어미 변화를 참고하여 형용사와 명사로 이루어진 구문의 모든 격과 수의 변화를 기재해 보세요.

    1. Magnus rex (rex – regis 왕[m])

    2. Facilis remedium (remedium – ii 치료책[n])

    3. Potens discipula (discipula – ae 여학생[f])

라틴어 표현 익히기

지혜

1. Omnium rerum principia parva sunt. (키케로)

    모든 것의 시작은 작습니다. (=모든 일은 작은 것에서 시작합니다.)

2. mens sana in corpore sano. (유베날리스[*])

    건강한 몸에 건전한 정신이 (있기를)

3. Alter alteri ne invideat!

    서로서로 (다른 하나는 또 다른 하나에게) 시기하지 마세요.

---

[*] 유베날리스(Decimus Iunius Iuvenalis)는 기원전 1세기 후반부터 2세기 초반을 살았던 로마의 풍자 시인으로 생애에 관한 확실한 정보를 알기는 어려운 인물입니다. 유베날리스에 관한 전통적인 전기로 여겨지는 『Vita Iuvenalis』에 따르면 그는 로마의 수사학자 퀸틸리안(Quintilian)의 제자였을 것이라 합니다. 그의 풍자시는 시대를 막론하고 회자되며 현대적 이슈들과 관련해서도 언급되곤 해왔습니다. 로마의 정치 사회적 해악상에 대한 분노를 표현하는 그의 풍자시 한 구절을 인용합니다. "Sunt milia vitiorum in urbe – de istis vitiis scribam! Difficile est saturam non scribere."(이 도시 안에 수 천가지 악덕들이 있습니다. 이 악덕들에 관해 나는 쓸 것입니다! 풍자하는 글을 쓰지 않는 것이 어렵습니다).

10강

대명사1
(지시대명사, 인칭대명사, 재귀대명사)

 학습목표 ···

지시/인칭/재귀 대명사의 성, 수, 격을 구별할 수 있다.

대명사1

지난 강의에서 마지막으로 대명사처럼 변하는 형용사를 공부했습니다. 그리고 이번 강의와 다음 강의에서는 각종 대명사들을 배우게 됩니다. 즉 이번 강의에서 지시대명사와 인칭대명사 그리고 재귀대명사를, 다음 강의에서 관계대명사와 의문대명사를 다루게 됩니다. 그러면 먼저 지시대명사부터 배워 보겠습니다.*

* 우리가 배우는 대명사들은 (인칭대명사를 제외하고는) 대부분 형용사처럼 해석될 수도 있습니다.

지시대명사

지시대명사에는 말하는 사람에게서 가까운 "이것"(this)과 말을 듣고 있는 사람에게서 가까운 '그것'(that near you) 그리고 말하는 사람과 말을 듣는 사람 모두에게서 먼 '저것'(that)이 있습니다. 영어의 쓰임과 같이 지시대명사는 지시형용사로 쓰일 수도 있는데, 가령 '이 책'(this book)이나 '저 소녀'(that girl)를 말할 때와 같습니다.

라틴어의 지시대명사의 어려움은 "이것", "그것", "저것"이 모두 명사처럼 성, 수,

격을 갖는다는데 있습니다. 그러나 다행히도 이 모두는 앞 강의에서 배운 대명사적 형용사와 변화 방법이 완전히 일치합니다. 단, 단수 주격 형태만큼은 반드시 따로 암기를 해두어야 할 사항입니다.

구분		남성형	여성형	중성형
단수	주격	–	–	–
	속격	ius		
	여격	i		
	목적격	um	am	um
	탈격	o	a	o
복수	주격	i	ae	a
	속격	orum	arum	orum
	여격	is	is	is
	목적격	os	as	a
	탈격	is	is	is

대명사적 형용사 변화

그러면 본격적으로 지시대명사 "저것"(ille – illa – illud[일레 – 일라 – 일루드])과 "그것"(iste – ista – istud[이스테 – 이스타 – 이스투드])에 해당하는 변화표를 살펴보겠습니다.

구분		남성형		여성형		중성형	
단수	주격	ille	일레	illa	일라	illud	일루드
	속격	illius					일리우스
	여격	illi					일리
	목적격	illum	일룸	illam	일람	illud	일루드
	탈격	illo	일로	illa	일라	illo	일로

구분		남성형		여성형		중성형	
복수	주격	illi	일리	illae	일라이	illa	일라
	속격	illorum	일로룸	illarum	일라룸	illorum	일로룸
	여격	illis	일리스	illis	일리스	illis	일리스
	목적격	illos	일로스	illas	일라스	illa	일라
	탈격	illis	일리스	illis	일리스	illis	일리스

지시대명사 "저것"의 변화 − (ille − illa − illud[일레 − 일라 − 일루드])

구분		남성형		여성형		중성형	
단수	주격	iste	이스테	ista	이스타	istud	이스투드
	속격			istius			이스티우스
	여격			isti			이스티
	목적격	istum	이스툼	istam	이스탐	istud	이스투드
	탈격	isto	이스토	ista	이스타	isto	이스토
복수	주격	isti	이스티	istae	이스타이	ista	이스타
	속격	istorum	이스토룸	istarum	이스타룸	istorum	이스토룸
	여격	istis	이스티스	istis	이스티스	istis	이스티스
	목적격	istos	이스토스	istas	이스타스	ista	이스타
	탈격	istis	이스티스	istis	이스티스	istis	이스티스

지시대명사 "그것"의 변화 − (iste − ista − istud[이스테 − 이스타 − 이스투드])

마지막으로 지시대명사 "이것"(hic − haec − hoc[힉 − 하익 − 혹])을 살펴봅니다. "이것"을 마지막에 다루는 이유는 이 지시대명사가 다른 지시대명사와는 다른 약간의 독특성이 있기 때문입니다. 표를 바로 살펴보면서 이야기해 보도록 합니다.

구분		남성형		여성형		중성형	
단수	주격	hic	힉	haec	하익	hoc	혹
	속격			huius	후이우스		
	여격			huic	후익		
	목적격	hunc	훈크	hanc	한크	hoc	혹
	탈격	hoc	혹	hac	학	hoc	혹
복수	주격	hi	히	hae	하이	haec	하익
	속격	horum	호룸	harum	하룸	horum	호룸
	여격	his	히스	his	히스	his	히스
	목적격	hos	호스	has	하스	haec	하익
	탈격	his	히스	his	히스	his	히스

지시대명사 "이것"의 변화[*] – (hic – haec – hoc[힉 – 하익 – 혹])

"hic – haec – hoc[힉 – 하익 – 혹]"은 단수에 있어서 몇 가지 변형이 있습니다.

1) 먼저 주격은 기본적으로 외워야 하는 것입니다 (hic – haec – hoc[힉 – 하익 – 혹]).

2) 속격과 여격은 모두 어간 hu[후]에 ius[이우스]와 i[이]를 각각 넣어주는데, 여격에서는 c도 추가됩니다[huis – huic].

3) 목적격과 탈격은 남성형은 um[움] – o[오] 대신 발음상의 이유로 unc[운크] – oc[옥]이 됩니다[hunc – hoc]. 마찬가지로 여성형은 am[암] – a[아] 대신 anc[안크] – ac[악]이 됐습니다(hanc – hac). 중성형 단수의 경우 목적격은 주격과 같고 다른 것은 남성형을 따라가기에 어렵지 않습니다. 또 중성형 단수 탈격은 남성에서와 같이 o[오]대신에 oc[옥]이 됐습니다(hoc[혹]).

[*] c[크]는 받침으로 들어갈 때 ㅋ발음과 ㄱ발음에 차이가 없기에 ㄱ로 적었습니다(가령 [하익]을 [하익]으로). 한편 nc[은크]는 ㄴ과 ㅋ발음이 연결해서 읽을 때 자연스럽게 ㅇ과 ㅋ발음이 되지만(가령 '훈크'가 '홍크'로) 혼선을 줄이고자 ㄴ과 ㅋ 발음을 그대로 기재합니다.

뜬금없는 c가 곳곳에서 등장해서 어렵게 느껴질 수 있습니다. 이 c는 -ce에서 나온 것인데, 이 또한 hi/hu-처럼 그 자체로 '이것'을 의미하는 '지시 접미사'입니다("ecce!"는 "이것 봐" 또는 "여기 봐"라는 뜻입니다). 즉 "hic-haec-hoc[힉-하익-혹]"은 '이것'을 뜻하는 의미의 조합으로 1) 단수 속격에서는 ce가 모두 생략, 2) 여격, 목적격, 탈격에서는 e만 생략, 3) 복수 격에서는 모두 ce가 없어진 겁니다. *

* "hic-haec-hoc" 변화형에 -ce를 한 번 더 붙여줄 수도 있는데, 그때 뜻은 변함이 없으며 강조하거나 소리의 세련미를 더해주는 역할을 합니다.

지시대명사 '이것'은		
단수 여격에서	i 대신	ic[이크] 를,
목적격에서	m 대신	nc[은크] 를,
탈격에서	o/a 대신	oc[옥]/ac[악] 을 넣는다.

마지막으로 중성형 복수 주격을 살펴보기로 합니다. 왜 중성형 복수 주격은 a[아]가 어미인 ha[하]가 아니고 haec[하익]이라는 게 나왔을까요? 사실 2변화 명사 중성형 복수 이 a[아]인 이유는 이것이 여성형 단수 주격 a[아]와 일치해서입니다. ** 그리고 여기서는 이미 여성형 단수 주격이 haec[하익]으로 변형되어 나왔기에, 중성형 복수 주격(과 목적격)도 haec[하익]이 된 겁니다.

** 2변화 명사 us-a-um에서도 여성형 단수 주격은 a, 중성형 복수 주격도 a였습니다. 그러니까 중성형 복수 주격이 a가 되는 이유가 여성형 단수 주격과 같기 때문이었던 것입니다.

지시대명사 '이것'의 중성형 복수는 여성형 단수 주격과 같이 haec[하익]이다.

지시대명사를 다 살펴봤습니다. 이번 강의 첫 번째 〈따라쓰기〉는 세 가지 지시대명사의 성별 단수 주격 형태와 뜻입니다. "hic-haec-hoc[힉-하익-혹] 이것, iste-ista-istud[이스테-이스타-이스투드] 그것, ille-illa-illud[일레-일라-일루드] 저것"

1, 2인칭 대명사

이어서 인칭대명사를 배웁니다. 인칭은 1인칭, 2인칭, 3인칭이 있습니다. 1인칭은 단수일 때 '나', 복수일 때 '우리'이고, 2인칭은 단수일 때 '너', 복수일 때 '너희'입니다. 3인칭 단수는 그/그녀/그것이고, 복수는 그들/그녀들/그것들입니다.

** 복수 속격 nostrum[노스트룸] 대신 nostri[노스트리]를 쓰기도 합니다.

1인칭 단수 주격인 "나는"은 ego[에고]로, 영어에서 '자기중심주의'를 뜻하는 egoism[에고이즘]이 여기서 온 말입니다. 그리고 이어지는 단수 속격(나의)은 영어의 my[마이]와 유사한 발음인 mei[메이]입니다.

단수 속격(나의)과 여격(나에게)은 각각 mei[메이] – mihi[미히]인데, 한국말에서 '나의'보다 '나에게'가 한 글자 더 많듯이 영어 알파벳 mei보다 mihi도 한 글자 더 많다고 암기하면 어떨까 싶습니다.

그리고 마무리인 단수 목적격(나를)과 탈격(나와 함께)은 me[메] – me[메]로 같습니다. 이어서 1인칭 복수형을 봅니다. 복수 주격은 nos[노스]로 단수와는 형태상의 차이가 있습니다. 그러나 나머지 변화에서 2변화 명사처럼 변화합니다. 2변화 명사의 복수 속격 o – rum[오룸] 대신에 nost – rum[노스트룸]이, 여격과 탈격에서 is[이스] 대신에 nob – is[노비스]가, 목적격 os[오스]대신 n – os[노스]가 들어 있습니다. 지금까지 배운 내용을 그전에 배운 암기팁을 따라 다음과 같이 살펴봅니다.**

구분	단수 (아래에서 위로 암기)			복수 (위에서 아래로 암기)		
주격	ego 기본형		에고	nos	+ m소리	노스
속격	mei	비슷한 모양	메이	nostrum		노스트룸
여격	mihi		미히	nobis		노비스
목적격	me	+ m소리 (이미 있음)	메	nos	한세트	노스
탈격	me		메	nobis		노비스

이번 강의 두 번째 〈따라쓰기〉는 "1인칭 대명사의 단수와 복수 변화"입니다.

"ego[에고] – mei[메이] – mihi[미히] – me[메] – me[메], nos[노스] – nostrum[노스트룸] – nobis[노비스] – nos[노스] – nobis[노비스]"

2인칭 대명사의 경우 1인칭 대명사와 비슷한 패턴을 취합니다. 1인칭 대명사 공부가 끝났다면 보다 수월하게 2인칭 대명사를 익힐 수 있습니다. 1인칭 대명사에서 단수의 중심인 m을 2인칭 대명사에서 t로 바꾸고, 복수의 중심인 n은 v로 바꾼다고 생각하면 됩니다.

구분		1인칭		2인칭		
단수	주격	ego	나는	tu	투	너는
	속격	mei	나의	tui	투이	너의
	여격	mihi	나에게	tibi	티비	너에게
	목적격	me	나를	te	테	너를
	탈격	me	나와 함께	te	테	너와 함께
복수	주격	nos	우리는	vos	보스	너희는
	속격	nostrum	우리의	vestrum	베스트룸	너희의
	여격	nobis	우리에게	vobis	보비스	너희에게
	목적격	nos	우리를	vos	보스	너희를
	탈격	nobis	우리와 함께	vobis	보비스	너희와 함께

이번 강의 세 번째 〈따라쓰기〉는 "2인칭 대명사의 단수와 복수 변화"입니다. 즉 "tu[투] – tui[투이] – tibi[티비] – te[테] – te[테], vos[보스] – vestrum[베스트룸] – vobis[보비스] – vos[보스] – vobis[보비스]"입니다.[*]

[*] 복수 속격은 vestrum[베스트룸] 대신 vestri[베스트리]를 쓰기도 합니다. vostrum[보스트룸]이나 vostri(보스트리)가 되지 않은 이유는 (한국인 기준이 아니라) 로마인 기준으로 발음상의 편의를 위한 것입니다.

1, 2인칭 재귀대명사

인칭대명사를 계속해서 배우고 있는 와중이지만 잠시 1, 2인칭 재귀대명사를 공부해 보고자 합니다. 재귀대명사를 살피려면 먼저 라틴어 동사와 인칭대명사의 관계를 생각해 보아야 합니다. 라틴어는 동사의 어미 안에 이미 주어가 포함되어 있다고 했습니다. 즉 라틴어는 동사만 가지고도 동사의 주어가 '나'(o)인지 '너'(s)인지 '우리'(mus)인지 등을 알 수 있었습니다. 그러면 인칭대명사는 왜 필요했을까요?

예를 들어보겠습니다. "Te amo[테 아모]"는 "나는 너를 사랑한다"입니다. 그러면 "Ego te amo[에고 테 아모]"는 무엇일까요? 사실 의미상의 차이는 없습니다. 둘 다 기본적으로 "나는 너를 사랑한다"는 뜻입니다. 그러나 같은 뜻이라도 후자는 "너를 사랑하는 이가 바로 '나'이다"라는 강조가 들어갑니다. 즉 **인칭대명사는 주어를 분명히 나타내고 싶을 때 쓰는 겁니다.**

여기서 재귀대명사를 생각해 봅니다. 영어에서 재귀대명사는 I(나)와 you(너)와는 구별된 myself(나 스스로), ourselves(우리 스스로), yourself(너 스스로), yourselves(너희 스스로)라는 형태가 존재합니다. 이 재귀대명사는 동사의 주체(주어)와 동작의 대상(목적어)이 같을 때 쓰는데, 가령 "She hurt herself"와 같이 그녀가 다치게 하는데 그 대상이 그녀 자신인 경우입니다. 이처럼 영어에서는 주어와 목적어가 일치할 때는 self나 selves를 쓰고 '재귀적'이라고 하는데, **라틴어 1, 2인칭 대명사에 있어서는 어떤 단어를 붙이지 않고 인칭대명사 자체가 재귀대명사가 됩니다.**

또 다른 예시를 떠올려 봅니다. '행하다'는 어근 fac[팍]으로 만들어진 동사 facio(파키오)는, 그 자체로 "나는 (무언가를) 행한다"라는 뜻입니다. 여기에 '나에게'를 뜻하는 인칭대명사 mihi[미히]를 쓰면 어떻게 될까요? 내가 나 자신에게 무언가를 행하는 것이 됩니다. 이 경우 영어에서는 주어와 대상이 일치하기에, 인칭대명사 '나에게' 또는 '나를 위해'(to me/for me)가 아니라 재귀대명사 '나 자신에게/나 자신을 위해'(to myself/for myself)로 써야 맞습니다. 즉 영어는 인칭대명사와 재귀대명사의 형태가 다릅니다. 한편 라틴어는 1, 2인칭 재귀대명사가 인칭대명사와 같아서 (가령 mihi[미히]에) 별다른 어미를 추가하지 않고 인칭대명사를 재귀대명사로 쓰게 됩니다. 즉 **1, 2인칭 재귀대명사의 형태는 1, 2인칭 대명사의 모든 형태와 같습니다.**

3인칭 재귀대명사

한편 3인칭 재귀대명사는 3인칭 대명사와 구별됩니다. 즉 3인칭 대명사는 남성형, 여성형, 중성형을 따로 기억해야 하는데 3인칭 재귀대명사는 그럴 필요가 없습니다. 1, 2, 3인칭 대명사와 재귀대명사를 모두 종합해서 설명하면 다음과 같습니다.

❶ 1, 2인칭 대명사는 대화 속에서 '나'와 '너'를 이야기하기에 성별 구분이 필요 없다. 1, 2인칭 재귀대명사도 마찬가지다.

❷ 한편 '나'도 아니고 '너'도 아닌 제3자 즉 3인칭 대명사는 성별 구분을 해서 말해야 한다. 제3자가 '그'인지 '그녀'인지 '그것'인지 모르기 때문이다.

❸ 다만 말하는 대상이 3인칭일지라도 3인칭 재귀대명사는 이미 주어에 대상이 명시된 경우를 뜻하므로 성별 구분할 필요가 없다.

→ 3인칭 대명사만 성별 구별을 해주면 된다.

그러면 성별 구별이 필요 없는 3인칭 재귀대명사부터 보겠습니다. 이를 1, 2인칭 재귀대명사와 함께 정리해 보겠습니다.

구분		1인칭		2인칭		3인칭		
단수	주격	재귀대명사는 주체와 대상이 같은 것을 의미하기에 주격으로는 사용되지 않습니다.						
	속격	mei	나 스스로의	tui	너 스스로의	sui	수이	그/그녀/그것 스스로의
	여격	mihi	나 스스로에게	tibi	너 스스로에게	sibi	시비	그/그녀/그것 스스로에게
	목적격	me	나 스스로를	te	너 스스로를	se	세	그/그녀/그것 스스로를
	탈격	me	나 스스로와 함께	te	너 스스로와 함께	se	세	그/그녀/그것 스스로와 함께

구분		1인칭		2인칭		3인칭		
	주격	재귀대명사는 주체와 대상이 같은 것을 의미하기에 주격으로는 사용되지 않습니다.						
복수	속격	nostrum	우리 스스로의	vestrum	너희 스스로의	sui	수이	그/그녀/그것 스스로의
	여격	nobis	우리 스스로에게	vobis	너희 스스로에게	sibi	시비	그/그녀/그것 스스로에게
	목적격	nos	우리 스스로를	vos	너희 스스로를	se	세	그/그녀/그것 스스로를
	탈격	nobis	우리 스스로와 함께	vobis	너희 스스로와 함께	se	세	그/그녀/그것 스스로와 함께

그리고 감사하게도 3인칭 재귀대명사는 단수와 복수가 완전히 일치합니다. 또 그 변화는 2인칭 재귀대명사 단수 앞자리인 t만 s로 바꿔 줬을 뿐입니다(tui ···▶ sui, tibi ···▶ sibi, te ···▶ se).

3인칭 대명사

이번에는 유일하게 성별 구별이 필요한 3인칭 대명사를 봅니다. 3인칭 대명사는 지시대명사의 역할도 합니다. 그러기에 지시대명사처럼 지시하는 대상이 남성형인지 여성형인지 중성형인지에 따라 성별 구별을 하는 것이 필요합니다.

그리고 이 형태는 앞서 배운 대명사적 형용사나 지시대명사의 변화 방법과 똑같습니다. 단지 **3인칭 대명사는** 주격 변화만 확실하게 기억하면 됩니다. 즉 **is**[이스] - **ea**[에아] - **id**[이드]입니다. 나머지는 3인칭 대명사의 어간인 e[에]나 i[이]에 1, 2변화 형용사 어미만 붙이면 됩니다.

그러면 대명사적 형용사와 3인칭 대명사를 나란히 살펴보면서 이번 강의를 마무리하고자 합니다. 3인칭 대명사는 〈따라쓰기〉를 통해 눈으로 확인하고 입으로 따라하고 손으로 써보면 대명사적 형용사의 패턴이 들어있다는 사실이 분명하게 확인될 겁니다.

구분		남성형	여성형	중성형
단수	주격	–	–	–
	속격	ius		
	여격	i		
	목적격	um	am	um
	탈격	o	a	o
복수	주격	i	ae	a
	속격	orum	arum	orum
	여격	is	is	is
	목적격	os	as	a
	탈격	is	is	is

대명사적 형용사의 어미

구분		남성형(그)		여성형(그녀)		중성형(그것)	
단수	주격	**is**	이스	**ea**	에아	**id**	이드
	속격	eius		에이우스			
	여격	ei		에이			
	목적격	eum	에움	eam	에암	id	이드
	탈격	eo	에오	ea	에아	eo	에오
복수	주격	ei	에이	eae	에아이	ea	에아
	속격	eorum	에오룸	earum	에아룸	eorum	에오룸
	여격	eis	에이스	eis	에이스	eis	에이스
	목적격	eos	에오스	eas	에아스	ea	에아
	탈격	eis	에이스	eis	에이스	eis	에이스

3인칭 대명사

오늘의 라틴어 한마디

Neutiquam erro.

네우티쿠암 에로.

나는 길을 잃지 않습니다.

❶ 세 가지 지시대명사의 성별 단수 주격 형태와 뜻

hic[힉] – haec[하익] – hoc[혹] 이것

iste[이스테] – ista[이스타] – istud[이스투드] 그것

ille[일레] – illa[일라] – illud[일루드] 저것

---

hic – haec – hoc 이것

iste – ista – istud 그것

ille – illa – illud 저것

---

❷ 1인칭 대명사 단수와 복수 변화

ego[에고] – mei[메이] – mihi[미히] – me[메] – me[메]

nos[노스] – nostrm[노스트룸] – nobis[노비스] – nos[노스] – nobis[노비스]

ego		
mei		
mihi		
me		
me		
nos		
nostrum		
nobis		
nos		
nobis		

ego		
mei		
mihi		
me		
me		
nos		
nostrum		
nobis		
nos		
nobis		

❸ 2인칭 대명사 단수와 복수 변화

tu[투] − tui[투이] − tibi[티비] − te[테] − te[테]

vos[보스] − vestrum[베스트룸] − vobis(보이스) − vos[보스] − vobis[보비스]

tu		
tui		
tibi		
te		
te		
vos		
vestrum		
vobis		
vos		
vobis		

tu		
tui		
tibi		
te		
te		
vos		
vestrum		
vobis		
vos		
vobis		

❹ 3인칭 대명사 성별 단수와 복수 변화

구분		남성형(그)		여성형(그녀)		중성형(그것)	
단수	주격	is		ea		id	
	속격	eius		eius		eius	
	여격	ei		ei		ei	
	목적격	eum		eam		id	
	탈격	eo		ea		eo	
복수	주격	ei		eae		ea	
	속격	eorum		earum		eorum	
	여격	eis		eis		eis	
	목적격	eos		eas		ea	
	탈격	eis		eis		eis	

구분		남성형(그)		여성형(그녀)		중성형(그것)	
단수	주격						
	속격						
	여격						
	목적격						
	탈격						
복수	주격						
	속격						
	여격						
	목적격						
	탈격						

해리포터 마법주문

익스펙토 펙트로눔	expecto – are 기다리다(1)와 patronus – patroni(m) 보호자의 합성어로 만들어진 수호 주문
아씨오	accio – accire 소환하다, 부르다(4)를 교회 발음으로 읽은 소환 주문
레파로	reparo – are 회복하다(1)를 사용한 단어로, "오쿨루스 레파로" oculus(oculus – i 눈[m]) reparo는 안경을 고칠 때 하는 주문
펠릭스 펠리시스	해리포터 혼혈왕자 편에서 나오는 행운의 마법약으로 라틴어 형용사 felix – felicis 행운의
리디큘러스	무서운 상대를 우스꽝스럽게 보이도록 만드는 주문으로 라틴어 형용사 ridiculus – a – um 우스운
녹스	밤을 뜻하는 라틴어 nox – noctis 밤(f)에서 나온, 주위를 밤처럼 깜깜하게 하는 주문
엑스펠리아르무스	동사 expello – ere 쫓아내다, 밀어붙이다(3)와 arma – orum 무기 (pl)**의 합성어로 만들어진 무장해제 주문
리덕토	reduco – ere 데려오다, 인도하다(3)의 과거 분사형으로, 중세 라틴어에서 사용된 "진압하다, 제압하다"의 의미를 차용
섹툼셈프라	sectum(자르다, 베다, 상처 입히다)***과 semper(항상)의 합성어로 칼로 온 몸을 베이게 만드는 공격 주문****
크루시오	crucio – cruciare 고문하다, 십자가에 못 박다(1)에서 나온 말로, '용서받지 못할 3대 저주' 중 하나인 고문 주문
임페리오	imperium – i 통치, 지배(n)에서 나온 말로 '용서받지 못할 3대 저주' 중 하나인 정신지배 주문(참고로, 용서받지 못할 3대 저주 중 마지막 하나인 "아바다카다브라"의 어원은 라틴 쪽이 아닌 셈어 계통에서 유래됨)
스투페파이	stupor – stuporis 마비(m)에서 나온 기절주문

---

* 책 후반부는 외울 분량이 많아진 관계로 〈필수어휘〉 대신에 〈일상 속에 라틴어〉 코너로 변경됩니다.

** 라틴어의 무기를 뜻하는 arma – armarum은 복수로만 쓰는 2변화 명사의 중성형 단어입니다.

*** sectum은 seco – secare 자르다(1)의 목적분사 형태로, 「심화편」에서 다룰 문법 형태입니다.

**** 해리에게서 이 공격을 받은 말포이를 스네이프가 "불네라 사넨투르"로 치료한 것을 기억할 겁니다. vulnera는 vulnus – vulneris 상처(n)의 복수 주격형이고, sanentur는 sano – sanare 치료하다(1)의 수동태 가정법 (「심화편」에서 배울 내용)입니다.

근엄한 "세베루스" 교수   라틴어 severus – a – um 엄격한, 준엄한
늑대인간 "루핀" 교수   라틴어 lupinus – lupini 늑대(m)
현명한 교감인 "미네르바 맥고나걸" 교수   Minerva는 지혜와 전쟁의 여신인 그리스 신화 아테
                                  네의 다른 이름
백발 교장 "알버스 덤블도어" 교수   albus의 뜻은 albus – a – um 흰, 백발의

연습문제

단어를 보고 대명사의 구분과 성, 수, 격 및 뜻을 적으세요.

> **illa** [지시대명사 / 여성–단수–주격–저것이, 여성–단수–탈격–저것과 함께,
> 중성–복수–주격–저것들이, 중성–복수–목적격–저것들을]

1. Haec   [   ]

2. Huius   [   ]

3. Ille   [   ]

4. Illius   [   ]

5. Te   [   ]

6. Tibi   [   ]

7. Nostrum   [   ]

8. Nos   [   ]

9. Se [   ]

10. Eum [   ]

라틴어 표현 익히

사랑

1. Tecum* vivere amem, tecum obeam libens. (호라티우스**)
   기꺼이 당신과 함께 살고, 기꺼이 당신과 함께 죽겠습니다.

2. Omnia vincit amor et nos cedamus amori. (베르길리우스)
   사랑이 모든 것을 이깁니다, 우리도 사랑으로 나아갑시다.

3. Noli metuere, una tecum bona mala tolerabimus. (테렌티우스***)
   두려워하지 마세요, 우리는 좋은 것도 나쁜 것도 당신과 함께 견뎌낼 거예요.

** te에 전치사 cum이 합쳐진 "너와 함께"라는 뜻입니다.

** 호라티우스(Quintus Horatius Flaccus, 기원전 65년~8년)는 로마 공화정 말기의 풍자 시인이자 서정 시인으로 "카르페디엠"이라는 말의 주인공으로 유명합니다. 아마도 노예출신이었다가 해방된 아버지가 아들인 그의 문학과 철학 훈련에 관심을 많이 가졌던 것으로 여겨집니다. 호라티우스는 친구인 베르길리우스의 소개를 통해 가이우스 마이케나스(Gaius Maecenas)의 전폭적인 후원과 지지를 받게 되었고 결국 수많은 작품들을 남기게 됩니다. 라틴어 공부의 교과서로 쓰이는 옥스퍼드 라틴코스(Oxford Latin Course)에서는 호라티우스의 삶을 통해 당시 로마인의 일상이 많이 소개됩니다.

*** 테렌티우스(Publius Terentius Afer, 기원전 195이거나 185년~기원전 159년)는 카르타고 출신의 노예였으나 재능으로 인해 주인에게서 해방되었고 6개의 유명해진 희극 작품을 남겼습니다. 그것들은 『안드리아』(Andria), 『헤키라』(Hecyra), 『고행자』(Heauton Timorumenos), 『환관』(Eunuchus), 『포르미오』(Phormio), 『아델포이』(Adelphoe)로, 내용은 주로 사랑과 애정 이야기 그리고 심리 묘사에 천착해 있습니다.

10강
학습영상

11강

대명사 2
(관계대명사, 의문대명사 및 최상급, 비교급, 수사)

 학습목표 ....

관계/의문 대명사의 성, 수, 격을 구별하고,
형용사를 최상급/비교급으로 표현할 수 있다.

대명사2

관계대명사

관계대명사는 이름만 들어도 어려워 보이지만 그 이름의 뜻만 잘 이해하면 그렇게 어렵지 않습니다. 먼저 관계'대명사'라는 이름에서 대명사는 영어로 Pronoun 즉 명사(noun)를 대신하는 것(pro)이라는 말입니다. 여기에 '친척'이나 '동족' 그리고 '관련시키다'라는 뜻을 가진 Relative가 붙었습니다. 즉 관계대명사는 영어로는 Relative Pronoun이고 라틴어로는 Pronomina Relativa[프로노미나 렐라티바]로, 라틴어는 "형용사 + 명사" 순서보다 "명사 + 형용사" 순서를 더 많이 취해서 영어 어순의 위치만 바꿨지 뜻은 똑같습니다.

그리고 그 의미는 **명사를 대신하고**(선행사의 역할을 한다고 합니다) **문장들을 관련시킨다**는 말입니다. 한국어에는 관계대명사라는 형태나 문법이 따로 존재하지 않지만 영어를 비롯한 수많은 유럽어에는 관계대명사(또는 관계사)가 나타나 있습니다. 그리고 관계대명사는 라틴어의 수사학적 아름다움과 함축미를 잘 보여 주게 됩니다. 그래서 라틴어 관계대명사를 공부할 때는 반드시 문장을 가지고 이해해 봐야합니다.*

그러면 이번에는 영어/라틴어/한국어 문장을 나란히 놓고 관계대명사를 배워 보도록 하겠습니다.

* 또 관계대명사는 「심화편」에서 배울 가정법과도 유용하게 쓰일 것입니다. 먼저 이번에 형태를 확실히 익혀 두도록 합니다.

《 중복되는 명사를 가진 두 개의 문장 》

영　어: I like Tony.
라틴어: Amo Tony[아모 토니].
한국어: 나는 좋아한다, 토니를.

　　　영　어: Tony lives in Seoul.
　　　라틴어: Tony vivit in Seoul[토니 비비트 인 서울].
　　　한국어: 그 토니는 살고 있다, 서울에.

《 관계대명사를 이용한 문장 》

영　어: I like Tony **who** lives in Seoul.
라틴어: Amo Tony **qui** vivit in Seoul[아모 토니 쿠이 비비트 인 서울].
한국어: 나는 좋아한다, 토니를, 살고 있는, 서울에
　　　-〉나는 서울에 사는 토니를 좋아한다.

앞 문장에서 나온 토니는 뒷 문장에도 중복됩니다. 그래서 두 문장을 연달아 쓰려면 토니를 똑같이 두 번 써야 합니다. "나는 토니를 좋아한다. 그 토니는 서울에 산다"처럼 말입니다. 그런데 **관계대명사는 이런 불필요한 반복을 없애줍니다.** 즉 영어로는 who라는 관계대명사, 라틴어로는 qui[쿠이]라는 관계대명사가 앞에 나온 명사인 Tony[토니]를 대신하고 문장들을 연결해 줍니다. 이렇게 문장을 연결해 줄 때 관계대명사는 대신하는 역할을 하는 명사가 남성형인지 여성형인지 중성형인지(성) 또는 한 명인지 두 명 이상인지(수)에 맞추어서 쓰고, 격은 관계대명사를 사용하는 문장의 맥락에 맞게 넣어 줍니다. 위 문장의 예에 따르면 "나는 토니를 좋아한다"에서 "토니를"은 남성형 단수 목적격입니다. 따라서 "그 토니는 서울에 산다"에서 "토니는"을 관계대명사로 쓸 때 성과 수는 앞 문장에 따라 남성형 단수로 하고 격은 연결하는 문장의 쓰임에 맞게 주격을 취하는 겁니다. 그래서 남성형 단수 주격을 취하는 qui[쿠이]가 들어간 것입니다.

영어에서 관계대명사는 who, whom, which, that이 있습니다. 그러나 라틴어에는 관계대명사가 훨씬 많습니다. 다만 그 형태는 이미 앞에서 배운 대명사적 형용사와 같기에 부담이 적습니다. **관계대명사의 성별 단수 주격 형태(qui[쿠이] - quae[쿠아이] - quod[쿠오드])**를 잘 익히고 때에 맞는 변화 방법을 찾을 수 있게끔 훈련하면 됩니다.

구분		남성형	여성형	중성형
단수	주격	-	-	-
	속격	ius		
	여격	i		
	목적격	um	am	um
	탈격	o	a	o
복수	주격	i	ae	a
	속격	orum	arum	orum
	여격	is	is	is
	목적격	os	as	a
	탈격	is	is	is

대명사적 형용사의 어미

구분		남성형		여성형		중성형	
단수	주격	qui	쿠이	quae	쿠아이	quod	쿠오드
	속격	cuius					쿠이우스
	여격	cui					쿠이
	목적격	quem	쿠엠	quam	쿠암	quod	쿠오드
	탈격	quo	쿠오	qua	쿠아	quo	쿠오
복수	주격	qui	쿠이	quae	쿠아이	quae	쿠아이
	속격	quorum	쿠오룸	quarum	쿠아룸	quorum	쿠오룸
	여격	quibus	쿠이부스	quibus	쿠이부스	quibus	쿠이부스
	목적격	quos	쿠오스	quas	쿠아스	quae	쿠아이
	탈격	quibus	쿠이부스	quibus	쿠이부스	quibus	쿠이부스

관계대명사

주의 사항은, 관계대명사는 성별로 단수 주격과 복수 주격이 같다는 것, 그리고 단수 속격과 여격에서는 'qu－'가 'cu－'로 바뀐다는 겁니다. 마지막으로 남성형 단수 목적격은 다른 1, 2변화 형용사처럼 quum이 아닌 quem이 되므로 주의가 필요합니다.

의문대명사

이어서 의문대명사를 공부합니다. 의문대명사의 형태는 단수 주격만 외우면 되고 나머지는 모두 관계대명사와 같습니다. 즉 **quis**[쿠이스]－**quid**[쿠이드]입니다. 남성형과 여성형의 단수 주격 형태가 똑같이 quis[쿠이스]이고 중성형 단수 주격은 quid[쿠이드]입니다(의문대명사에서 남성형과 여성형은 모든 형태가 동일합니다).

구분		남·여성형		중성형	
단수	주격	quis	쿠이스	quid	쿠이드
	속격	cuius			쿠이우스
	여격	cui			쿠이
	목적격	quem	쿠엠	quid	쿠이드
	탈격	quo	쿠오	quo	쿠오
복수	주격	qui	쿠이	quae	쿠아이
	속격	quorum	쿠오룸	quorum	쿠오룸
	여격	quibus	쿠이부스	quibus	쿠이부스
	목적격	quos	쿠오스	quae	쿠아이
	탈격	quibus	쿠이부스	quibus	쿠이부스

의문대명사

또한 관계대명사와 의문대명사는 단수 주격이 다르기 때문에 (주격과 목적격이 항상 똑같은) 중성형 단수 목적격도 차이가 나타나게 됩니다.

이번에는 의문대명사가 어떤 일을 하는지 생각해 봅니다. 영어에서 관계대명사는 who, whom, which처럼 주로 wh - 로 시작하는 단어들입니다. 그런데 이중 who의 경우만 생각해 봐도 who는 관계대명사(문장을 이어 주면서 앞에서 나온 명사 역할)로 쓰일 뿐 아니라 "누구"라는 뜻을 가진 의문대명사로 쓰일 수 있습니다.

관계대명사로 쓰인 경우

I like Tony who lives in Seoul.
나는 서울에 사는 (그) 토니를 좋아한다.

의문대명사로 쓰인 경우

Who likes Tony?
누가 토니를 좋아하나요?

이처럼 **의문대명사는 '누구'**(quis) **또는 '무엇'**(quid)**의 뜻**을 갖습니다. 영어에서

who나 what이 관계대명사 역할도 하지만 '누구'나 '무엇'이라는 의문대명사의 의미도 갖듯이 말입니다. 이렇게 영어와 같이 라틴어에서도 관계대명사와 의문대명사의 형태가 상당히 겹쳐 있습니다.

의문형용사

마지막으로 '어느' 또는 '어떤'(which)의 뜻을 가진 의문형용사를 보겠습니다. '의문'이라는 말에는 이미 '어느 것'인지 또는 '어떤 것'인지 묻는 의미가 담겨있습니다. 그리고 '형용사'는 명사를 꾸며서 하는 말을 뜻합니다. 즉 의문형용사는 그 자체로 명사의 역할을 가진 의문 '대명사'와 달리, 특정 명사를 꾸며 줄 때 쓰는 형용사입니다. 예를 들어 '어떤 책'(which book)이나 '어떤 계절'(which season)의 경우를 떠올릴 수 있습니다.

이 **의문형용사는 관계대명사와** 모든 격/수/성에 있어 **모든 형태가 같습니다.**

지금까지 배운, 형태가 완전히 같거나 대체로 동일한 대명사들을 정리하면 다음과 같습니다.

> **관계대명사** ┅┅▸ 1) 명사 역할 2) 문장을 연결   **qui**[쿠이] – **quae**[쿠아이] – **quod**[쿠오드]

> **의문대명사** ┅┅▸ "누구" 또는 "무엇"   **quis**[쿠이스] – **quid**[쿠이드]

> **의문형용사** ┅┅▸ "어느" 또는 "어떤"   **qui**[쿠이] – **quae**[쿠아이] – **quod**[쿠오드]

이번 강의 첫 번째 〈따라쓰기〉 할 내용은 다음과 같습니다.

"관계대명사와 의문대명사 각각의 단수 주격"

"관계대명사 qui[쿠이] – quae[쿠아이] – quod[쿠오드]", "의문대명사 quis[쿠이스] –

quid[쿠이드]", 그리고 관계대명사는 의문형용사로도 쓰일 수 있다는 점을 기억합니다.

최상급 (형용사)

잠시 이 책이 진행되고 있는 흐름과 현재 위치를 생각해보도록 합니다. 9강에서 형용사를 배우면서 마지막으로 대명사적 형용사를 공부했습니다. 그리고 10강과 11강에 이어서 대명사적 형용사와 형태가 같거나 비슷한 대명사들을 살펴본 것입니다.

그런데 형용사를 공부할 때 아직 배우지 않은 것이 몇 가지 남아있습니다. 그 중에서 먼저 살필 것은 '최상급 형용사'와 '비교급 형용사'입니다.

최상급 형용사는 1, 2변화 형용사 어미 us(남성형) – a(여성형) – um(중성형)을 따라, 비교급 형용사는 3변화 형용사 어미 (속격부터 탈격까지) is – i – em – i를 따라 변합니다. 그리고 그 앞에는 최상급 어간이나 비교급 어간을 앞에 붙이면 됩니다.

먼저 최상급 형용사를 만드는 방법부터 살핍니다.

> **최상급 형용사는**
> 원형 어간에 issimus – issima – issimum[이씨무스 – 이씨마 – 이씨뭄]을 붙여서 만든다.
> 예외로, 원형 어미가 lis[리스]로 끝나면 limus – lima – limum[리무스 – 리마 – 리뭄]을
> er[에르]로 끝나면 rimus – a – um[뤼무스 – 뤼마 – 뤼뭄]을 붙인다.
>
> *limus와 구별하기 위해 r발음을 강조한 발음

예시 단어는 "carus – cara – carum[카루스 – 카라 – 카룸] 친애하는"입니다(어간은 car[카르]). 이 단어는 원형 어미가 lis[리스]나 er[에르]로 끝나지 않았기에 최상급은 issimus – issima – issimum[이씨무스 – 이씨마 – 이씨뭄]을 붙여서 만들면 됩니다. 이 단어의 원형인 1, 2변화 형용사의 어미 변화와 최상급 형용사의 어미 변화를 나란히 비교해 봅시다.

구분		남성형		여성형		중성형	
단수	주격	carus	카루스	cara	카라	carum	카룸
	속격	cari	카리	carae	카라이	cari	카리
	여격	caro	카로	carae	카라이	caro	카로
	목적격	carum	카룸	caram	카람	carum	카룸
	탈격	caro	카로	cara	카라	caro	카로
복수	주격	cari	카리	carae	카라이	cara	카라
	속격	carorum	카로룸	cararum	카라룸	carorum	카로룸
	여격	caris	카리스	caris	카리스	caris	카리스
	목적격	caros	카로스	caras	카라스	cara	카라
	탈격	caris	카리스	caris	카리스	caris	카리스

1, 2변화 형용사 "carus[카루스] - cara[카라] - carum[카룸] 친애하는"

구분		남성형		여성형		중성형	
단수	주격	carissimus	카리씨무스	carissima	카리씨마	carissimum	카리씨뭄
	속격	carissimi	카리씨미	carissimae	카리씨마이	carissimi	카리씨미
	여격	carissimo	카리씨모	carissimae	카리씨마이	carissimo	카리씨모
	목적격	carissimum	카리씨뭄	carissimam	카리씨맘	carissimum	카리씨뭄
	탈격	carissimo	카리씨모	carissima	카리씨마	carissimo	카리씨모
복수	주격	carissimi	카리씨미	carissimae	카리씨마이	carissima	카리씨마
	속격	carissimorum	카리씨모룸	carissimarum	카리씨마룸	carissimorum	카리씨모룸
	여격	carissimis	카리씨미스	carissimis	카리씨미스	carissimis	카리씨미스
	목적격	carissimos	카리씨모스	carissimas	카리씨마스	carissima	카리씨마
	탈격	carissimis	카리씨미스	carissimis	카리씨미스	carissimis	카리씨미스

최상급 형용사 "carissimus[카리씨무스] - carissima[카리씨마] - carissmum[카리씨뭄] 가장/아주 친애하는"

비교급 (형용사)

이번에는 비교급 형용사를 공부합니다.

> 비교급 형용사는 원형 어간에 남·여성형에는 ior[이오르],
> 중성형에는 ius[이우스]를 붙여서 만든다.
>
> ior[이오르] – ius[이우스] 형태가 그대로
> "남·여성형 단수 주격 – 중성형 단수 주격"이며,
>
> 나머지 인칭은 남·여성형 단수 주격 뒤에
> 3변화 명사 어미(is – i – em – e, es – um – ibus – es – ibus)를 덧붙여서 만든다.

예시 단어는 "dulcis[둘키스] – dulce[둘케] 달콤한"입니다(어간은 dulc[둘크]). 이 단어의 원형과 비교급을 나란히 보겠습니다.

구분		남·여성형		중성형	
단수	주격	dulcis	둘키스	dulce	둘케
	속격	dulcis	둘키스	dulcis	둘키스
	여격	dulci	둘키	dulci	둘키
	목적격	dulcem	둘켐	dulce	둘케
	탈격	dulci	둘키	dulci	둘키
복수	주격	dulces	둘케스	dulcia	둘키아
	속격	dulcium	둘키움	dulcium	둘키움
	여격	dulcibus	둘키부스	dulcibus	둘키부스
	목적격	dulces	둘케스	dulcia	둘키아
	탈격	dulcibus	둘키부스	dulcibus	둘키부스

3변화 형용사 "dulcis[둘키스] – dulce[둘케] 달콤한"

구분		남·여성형		중성형	
단수	주격	dulcior	둘키오르	dulcius	둘키우스
	속격	dulcioris	둘키오리스	dulcioris	둘키오리스
	여격	dulciori	둘키오리	dulciori	둘키오리
	목적격	dulciorem	둘키오렘	dulcius	둘키우스
	탈격	dulciore	둘키오레	dulciore	둘키오레
복수	주격	dulciores	둘키오레스	dulciora	둘키오라
	속격	dulciorum	둘키오룸	dulciorum	둘키오룸
	여격	dulcioribus	둘키오리부스	dulcioribus	둘키오리부스
	목적격	dulciores	둘키오레스	dulciora	둘키오라
	탈격	dulcioribus	둘키오리부스	dulcioribus	둘키오리부스

비교급 형용사 "dulcior[둘키오르] – dulcius[둘키우스] 더 달콤한"*

이번 강의 두 번째 〈따라쓰기〉는 "최상급과 비교급 형용사 단수 주격"을 공부하게 됩니다. "최상급 issimus[이씨무스] – issima[이씨마] – issimum[이씨뭄], 비교급 ior[이오르] – ius[이우스]"**

* 참고로 3변화 명사는 단수 탈격에서 주로 e가 나오지만 3변화 형용사는 탈격에서 항상 i가 나옵니다(is – i – em – e대신에 is – i – em – i). 또한 3변화 명사의 복수 속격은 um이 주로 나오지만, 3변화 형용사의 복수 속격은 항상 ium입니다(es – um – ibus – es – ibus대신에 es – ium – ibus – es – ibus). 한편 비교급 형용사는 3변화 명사를 따라 단수 탈격은 e로, 복수 속격은 um으로 나옵니다.

** 라틴어 최상급 표현은 quam[쿠암]과 함께 쓸 때 "가능한 한 ~한"(가령 celerrimus[켈레리무스]는 가능한 한 빠른)으로 해석됩니다. 그리고 quam[쿠암]이 비교급 표현과 함께 쓸 때는 "~보다"를 뜻해서 비교 대상과 함께 쓰게 됩니다. 참고로, 비교급에서 비교 대상이 나오지 않는 경우는 비교급 표현을 "어느 정도는" 또는 "다소" 정도로 번역하시면 됩니다.

수사

9강부터 11강까지 이어진 형용사(와 대명사) 강의는 '수사'로 마무리합니다. 수사를 여기서 다루는 이유는, 수사가 '하나의' 또는 '둘의'처럼 형용사로 쓸 수 있고 주요한 변화도 형용사의 방법을 따르기 때문입니다.

'수사'는 말 그대로 '수' 또는 '숫자 세는 것'과 관련됩니다. 이는 크게 두 가지로 나누어 볼 수 있습니다. 즉 "하나, 둘, 셋…"에 해당하는 '기수'(基數)와 "첫 번째, 두 번째, 세 번째…"에 해당하는 '서수'(序數)입니다. 이름의 뜻을 보면 기수는 기본적으로 수를 세는 방식("기본/터 기"[基]와 "셈 수" [數])이고, 서수는 순서대로 수를 세는 방식("차례 서"[序]와 "셈 수"[數])입니다.

순서를 나타내는 **서수는 1부터 12까지는 1, 2변화 형용사(us-a-um)와 같이 성, 수, 격에 따라 변화를 합니다.** 그 외의 순서들은 어미 변화를 하지 않습니다. 표로 나타내면 다음과 같습니다.

숫자	값	서수	
I	1	primus-a-um	첫 번째
II	2	secundus-a-um	두 번째
III	3	tertius-a-um	세 번째
IV	4	quartus-a-um	네 번째
V	5	quintus-a-um	다섯 번째
VI	6	sextus-a-um	여섯 번째
VII	7	septimus-a-um	일곱 번째
VIII	8	octavus-a-um	여덟 번째
IX	9	nonus-a-um	아홉 번째
X	10	decimus-a-um	열 번째
XI	11	undecimus-a-um	열한 번째
XII	12	duodecimus-a-um	열두 번째
XIII	13	tertius decimus	열세 번째
XIV	14	quartus decimus	열네 번째
XV	15	quintus decimus	열다섯 번째
XVI	16	sextus decimus	열여섯 번째
XVII	17	septimus decimus	열일곱 번째
XVIII	18	duodevicesimus	열여덟 번째

숫자	값	서수	
ⅩⅨ	19	undevicesimus	열아홉 번째
ⅩⅩ	20	vicesimus	스무 번째
ⅩⅩⅠ	21	vicesimus primus	스물한 번째
ⅩⅩⅩ	30	tricesimus	서른 번째
ⅩL	40	quadragesimus	마흔 번째
L	50	quinquagesimus	쉰 번째
LⅩ	60	sexagesimus	예순 번째
LⅩⅩ	70	septuagesimus	일흔 번째
LⅩⅩⅩ	80	octogesimus	여든 번째
ⅩC	90	nonagesimus	아흔 번째
C	100	centesimus	백 번째
CC	200	duocentesimus	이백 번째
CCC	300	trecentesimus	삼백 번째
CD	400	quadringentesimus	사백 번째
D	500	quingentesimus	오백 번째
DC	600	sescentesimus	육백 번째
DCC	700	septingentesimus	칠백 번째
DCCC	800	octingentesimus	팔백 번째
CM	900	nongentesimus	구백 번째
M	1000	millesimus	천 번째
MM	2000	bis millesimus	이천 번째

  그러면 기수는 어떨까요? **기수는 가장 많이 쓰는 1, 2, 3이 변화도 큽니다.** 먼저 1(하나)의 변화를 살펴봅시다. 1은 (하나 즉 단수이기에) 단수형만 생각하면 되고, 대명사적 형용사처럼 변합니다. "unus[우누스] – una[우나] – unum[우눔] 하나"

1 (하나/일)						
구분	남성형		여성형		중성형	
주격	unus	우누스	una	우나	unum	우눔
속격	unius	우니우스	unius	우니우스	unius	우니우스
여격	uni	우니	uni	우니	uni	우니
목적격	unum	우눔	unam	우남	unum	우눔
탈격	uno	우노	una	우나	uno	우노

이어서 2와 3은 (하나가 아닌, 즉 복수이기에) 복수형만 생각하면 됩니다. 1(하나)와는 달리, 1, 2변화 형용사처럼 변합니다. 그리고 2는 남성형과 여성형과 중성형이 각기 달리 나타나는데, 3은 남성형과 여성형이 같고 중성형과는 구분됩니다. "duo[두오] – duae[두아이] – duo[두오] 둘"과 "tres[트레스] – tria[트리아] 셋"입니다.

2 (둘/이)						
구분	남성형		여성형		중성형	
주격	duo	두오	duae	두아이	duo	두오
속격	duorum	두오룸	duarum	두아룸	duorum	두오룸
여격	duobus	두오부스	duabus	두아부스	duobus	두오부스
목적격	duos	두오스	duas	두아스	duo	두오
탈격	duobus	두오부스	duabus	두아부스	duobus	두오부스

3 (셋/삼)			
구분	남·여성형		중성형
주격	tres	트레스	tria	트리아
속격	trium	트리움	trium	트리움
여격	tribus	트리부스	tribus	트리부스
목적격	tres	트레스	tria	트리아
탈격	tribus	트리부스	tribus	트리부스

그리고 다른 어미 변화는 십 단위가 아닌 백 단위나 천 단위에서 나타납니다. 즉 4에서 100까지는 어미 변화를 하지 않고, 200~900이나 2,000~9,000 단위에서 격에 따라 변합니다.

숫자	값	기수	
I	1	unus – una – unum	하나/일
II	2	duo – duae – duo	둘/이
III	3	tres – tris	셋/삼
IV	4	quattuor	넷/사
V	5	quinque	다섯/오
VI	6	sex	여섯/육
VII	7	septem	일곱/칠
VIII	8	octo	여덟/팔
IX	9	novem	아홉/구
X	10	decem	열/십
XI	11	undecim	열하나/십일
XII	12	duodecim	열둘/십이
XIII	13	tredecim	열셋/십삼
XIV	14	quattuordecim	열넷/십사
XV	15	quindecim	열다섯/십오
XVI	16	sedecim	열여섯/십육
XVII	17	septendecim	열일곱/십칠
XVIII	18	duodeviginti	열여덟/십팔
XIX	19	undeviginti	열아홉/십구
XX	20	viginti	스물/이십
XXI	21	viginti unus/unus et viginti	스물하나/이십일
XXX	30	triginta	서른/삼십
XL	40	quadraginta	마흔/사십
L	50	quinquaginta	쉰/오십
LX	60	sexaginta	예순/육십
LXX	70	septuaginta	일흔/칠십

숫자	값	기수	
LXXX	80	octoaginta	여든/팔십
XC	90	nonaginta	아흔/구십
C	100	centum	백(온)/백
CC	200	ducenti-ae-a	이백/이백
CCC	300	trecenti-ae-a	삼백/삼백
CD	400	quadrigenti-ae-a	사백/사백
D	500	quingenti-ae-a	오백/오백
DC	600	sescenti-ae-a	육백/육백
DCC	700	septingenti-ae-a	칠백/칠백
DCCC	800	octingenti-ae-a	팔백/팔백
CM	900	nongenti-ae-a	구백/구백
M	1000	mille	천(즈믄)/천
MM	2000	duo milia	이천/이천

오늘의 라틴어 한마디

Sic itur ad astra.

식 이투르 아드 아스트라.

그렇게 별을 향해 나아갑니다.

따라쓰기

❶ 관계대명사와 의문대명사의 성별 단수 주격

관계대명사 qui[쿠이] – quae[쿠아이] – quod[쿠오드]

의문대명사 quis[쿠이스] – quid[쿠이드]

관계대명사 qui – quae – quod

의문대명사 quis – quid

❷ 최상급과 비교급의 성별 단수 주격

최상급 issimus[이씨무스] – issima[이씨마] – issimum[이씨뭄]

비교급 ior[이오르] – ius[이우스]

최상급	issimus – issima – issimum
비교급	ior – ius

라틴어로 본 대학 표제어들

국내대학[*]

1. Veritas lux mea (진리는 나의 빛) | 서울대학교
2. Veritas vos liberabit (진리가 너희를 자유케 하리라) | 연세대학교
3. Libertas, Justitia, Veritas (자유, 정의, 진리) | 고려대학교
4. Obedire Veritati (진리에 순종하라) | 서강대학교

미국 Ivy League[**]

1. Mens et Manus (정신과 손) | 메사추세츠 공과대학교(MIT)
2. Veritas (진리) | ⊙하버드대학교
3. Crescat scientia vita excolatur (지식이 샘솟아 인간의 삶이 풍요로워지도록) | 시카고대학교
4. Leges sine moribus vanae (도덕 없는 법률은 공허하다) | ⊙펜실베니아대학교
5. Lux et Veritas (빛과 진리) | ⊙예일대학교
6. In lumine Tuo videbimus lumen (주의 빛 안에서 우리가 빛을 보리이다 시36:9)
 | ⊙컬럼비아대학교
7. Dei sub numine viget (하나님의 전능 아래 번성할지라) | ⊙프린스톤대학교
8. Artes, Scientia, Veritas (학술, 지식, 진리) | 미시간대학교
9. Veritas vos Liberabit (진리가 너희를 자유롭게 하리라) | 존스 홉킨스대학교
10. Quaecumque sunt vera (무엇이든지 참된 것) | 노스 웨스턴대학교
11. Fiat Lux (빛이 있으라) | 캘리포니아대학교
12. Perstare et praestare (꾸준함과 뛰어남) | 뉴욕대학교
13. Eruditio et Religio (지식과 신앙) | 듀크대학교
14. In Deo Speramus (우리는 하나님 안에서 소망한다) | ⊙브라운대학교
15. Vox clamantis in deserto (광야에서 외치는 소리) | ⊙다트머스대학교

---

[*] 고려대학교는 한국어와 라틴어를 대학의 표제어로 함께 쓰고 있으며, 연세대학교는 아래 구절에 대한 영어 번역을 기본으로 합니다. 한편 서울대학교와 서강대학교는 처음부터 표제어의 언어 자체를 라틴어로 하고 있습니다.

[**] 오래전부터 사용되어 온 "미국 아이비리그"라는 말은 주로 미국 동부에 한정된 대학들만을 뜻했으므로, 비교적 근래에 명성과 실적 등에 있어 그와 동급 또는 그 이상의 취급도 받는 MIT, UChicago, JHU, Duke, UCLA 등의 학교를 포함시켰습니다. 단, 본래 미국 아이비리그를 지칭하는 8개 학교를 ⊙표시하되, 코넬대학교는 라틴어 표제어를 사용하지 않으므로 제외했습니다.

영국 Russell Group*

1. Dominus illuminatio mea (주님은 나의 빛) | 옥스퍼드대학교
2. Hinc lucem et pocula sacra (이곳으로부터 빛과 성배들을) | 케임브릿지대학교
3. Scientia imperii decus et tutamen (지식은 제국을 보호하고 부강하게 하리라) | 임페리얼 칼리지 런던
4. Cuncti adsint meritaeque expectent praemia palmae (종려나무 가지를 바라는 자격 있는 자들이 모두 여기 온다면) | 유니버시티 칼리지 런던
5. Nec Temere, Nec Timide (성급하지 않게, 소극적이지 않게) | 에든버러대학교
6. Cognitio, Sapientia, Humanitas (지식, 지혜, 인류애) | 맨체스터대학교
7. Sancte et Sapienter (신성과 지혜) | 킹스 칼리지 런던
8. Rerum cognoscere causas (사물의 근원에 대한 탐구) | 런던 정치경제대학교

* 영국의 러셀그룹은 미국 아이비리그와 비교되곤 하는 영국 내 24개의 명문대학을 뜻합니다. 이들은 대학 연구기금 등을 함께 운영 및 분배하고 있습니다. 여기에는 지면상 세계랭킹 50위권 안에 있는 대학까지 실었습니다.

※ 대학 순서는 아래에서 2022년 세계대학랭킹을 참조했습니다. QS TOP UNIVERSITIES, "QS World University Rankings 2022", 22년 02월 18일 접속, https://www.topuniversities.com/university-rankings/world-university-rankings/2022. 표제어는 (가장 흔하게 사용되는) 위키백과에 제시된 번역으로 소개합니다.

연습문제

❶ 다음 관계대명사의 가능한 모든 성, 수, 격을 적으세요.

> **qui** [남성형 - 단수 - 주격 / 남성형 - 복수 - 주격]

1. quae   [   ]
2. cuius   [   ]
3. quo   [   ]

❷ 다음 의문대명사의 가능한 모든 성, 수, 격을 적으세요.

11강
학습영상

1. quis   [   ]

2. quorum   [   ]

3. quid   [   ]

❸ 다음의 원형 형용사를 최상급 형용사로 기재하세요.

1. sanus – a – um   [   ]

2. similis – e   [   ]

❹ 다음의 원형 형용사를 비교급 형용사로 기재하세요.

1. omnis – e   [   ]

2. ingens – ingentis [   ]

라틴어 표현 익히기

인생

1. Age quod agis.

당신이 하고 있는 것을 하십시오(=지금 하고 있는 일에 최선을 다하세요)

2. Dilige et fac quod vis. (아우구스티누스[*])

사랑하십시오, 그리고 당신이 하고 싶은 것을 행하십시오.

3. Quam bene vivas referre, Non quam diu. (세네카)

얼마나 오래가 아니라 얼마나 잘 살고 있는지가 중요합니다.

---

[*] 아우구스티누스(Augustinus, 354~430년)는 고대와 중세를 연결하는 서방 기독교의 교부로서 그의 은총론에 대한 재발견은 종교개혁자인 마르틴 루터와 장 칼뱅 등에게 깊은 영향을 주었습니다. 그의 일생은 지적 여정을 통해 마니교와 신플라톤주의 등을 거쳐 기독교에 이르게 되는데, 그의 어머니 모니카(Monica)와 그를 감화시킨 주교 암브로시우스(Ambrosius)가 자주 회자됩니다. 로마서 13장 13~14절은 그의 회심에 결정적 계기가 된 것으로 유명합니다. 대표작인 『고백록』(*Confessiones*)과 『신의 도성』(*De civitate Dei*)은 신학과 철학을 막론하고 사상사적으로 중요한 책들로 여겨집니다.

12강
수동태

학 습 목 표 ·

라틴어 **동사**를 **수동태**로 표현할 수 있다.

수동태

책의 흐름

강의의 흐름을 잘 따라오고 있나요? 먼저 1강에서는 라틴어를 소개하고 라틴어 동사의 특성을 배웠습니다. 그리고 2~4강에서 1, 2변화 명사 변화형을. 5~7강에서 동사가 현재형과 과거형 그리고 미래형 시제에서 어떻게 변하는지를 공부했습니다. 또 8강에서 3변화 명사, 9강에서 형용사, 10~11강에서 대명사를 살펴보았습니다. 이렇게 책의 목차를 참고하면서 공부하면 라틴어 문법의 큰 그림을 그리는 데 도움이 됩니다.

현재까지 배운 내용	
1강	라틴어 소개 + 동사 맛보기
2~4강	1, 2변화 명사
5~7강	동사의 현재형 + 과거형 + 미래형
8강	3변화 명사
9~11강	형용사와 대명사

앞으로 배울 내용	
12강	수동태
13강	완료 시제
14강	정리

수동태

5~7강에서 배웠던 동사의 현재형, 과거형, 미래형 만드는 법을 기억하고 있나요? 조금 시간이 흘러서 잊어버렸을 수 있기에, 이번 강의에서는 지난번에 배웠던 형태들을 복습하고 동사를 수동태로 표현하는 방법도 배워보고자 합니다.

수동태란 무엇일까요? 우리가 지금까지 배웠던 동사는 모두 능동태였습니다. 즉 능동태란 주어가 동작을 능동적으로 직접 하는 일을 가리켰습니다. 한편 수동태는 주어가 누군가에게 수동적으로 당하거나 받는 일을 말합니다. 예를 들어 "나는 너를 사랑한다"라는 문장을 보면 사랑하는 일은 주어인 '나'가 능동적으로 직접 '하는' 일입니다. 그런데 "너는 나에게 사랑받는다"와 같은 문장도 있습니다. 이 경우에 "너"는 나에게 수동적으로 사랑을 '받고 있는' 것입니다. 가령 라틴어에서 "그는 사랑한다"는 amat[아마트]인데 "그는 사랑받는다"는 amatur[아마투르]라고 합니다. 어미만 바꿔 주면 되기에 어렵지 않지만 이 수동태 어미 변화만큼은 확실히 익혀야 합니다(능동태 어미 변화와 일부분 유사한 면이 있습니다).

인칭	능동태		수동태	
	어미 변화	뜻	어미 변화	뜻
1단	+ o	내가 ~ 한다.	+ or	내가 ~ 받는다.
2단	+ s	네가 ~ 한다.	+ ris	네가 ~ 받는다. (ris 대신 re를 쓰기도 함)
3단	+ t	그/그녀/그것이 ~ 한다.	+ tur	그/그녀/그것이 ~ 받는다.
1복	+ mus	우리가 ~ 한다.	+ mur	우리가 ~ 받는다.
2복	+ tis	너희가 ~ 한다.	+ mini	너희가 ~ 받는다.
3복	+ nt	그들/그녀들/그것들이 ~ 한다.	+ ntur	그들/그녀들/그것들이 ~ 받는다.

표를 가지고 동사의 능동태와 수동태 변화형을 비교해 보고자 합니다. 우리가 배웠던 순서대로 현재형, 과거형, 미래형 순으로 살펴보겠습니다. 현재형에서는

능동태 어미 o − s − t − mus − tis − nt만 수동태 어미인 or[오르] − ris[리스] − tur[투르] − mur[무르] − mini[미니] − ntur[은투르]로 바꾸면 됩니다.

현재형 능동태

구분	동사	1변화 동사				2변화 동사				3변화 동사			
	암기법	amo-amāre [ā]				moneo − monēre [ē]				duco − ducere [e]			
	어간	ama 사랑하다				mone 충고하다				duce 이끌다			
1단	+ o	amo	am	a	o	moneo	mon	e	o	duco	duc	e	o
2단	+ s	amas	am	a	s	mones	mon	e	s	ducis	duc	e→i	s
3단	+ t	amat	am	a	t	monet	mon	e	t	ducit	duc	e→i	t
1복	+ mus	amamus	am	a	mus	monemus	mon	e	mus	ducimus	duc	e→i	mus
2복	+ tis	amatis	am	a	tis	monetis	mon	e	tis	ducitis	duc	e→i	tis
3복	+ nt	amant	am	a	nt	monent	mon	e	nt	ducunt	duc	e→u	nt

구분	동사	3 − io변화 동사				4변화 동사			
	암기법	capio − capere [e]				audio − audīre [ī]			
	어간	cape 잡다				audi 듣다			
1단	+ o	capio	cap	e→i	o	audio	aud	i	o
2단	+ s	capis	cap	e→i	s	audis	aud	i	s
3단	+ t	capit	cap	e→i	t	audit	aud	i	t
1복	+ mus	capimus	cap	e→i	mus	audimus	aud	i	mus
2복	+ tis	capitis	cap	e→i	tis	auditis	aud	i	tis
3복	+ nt	capiunt	cap	e→iu	nt	audiunt	aud	iu	nt

이 표는 이전에 5~6강에서 배웠던 내용(1, 2, 3, 3 − io, 4변화 동사의 현재형)을 한 눈에 정리한 것입니다. 이 중에 이해가 안 되는 부분이 있다면 지난 강의로 돌아가서 다시 공부를 하고 오셔야 합니다. 그러면 바로 이어서 수동태 형태를 보겠습니다.

현재형 수동태

구분	동사	1변화 동사				2변화 동사				3변화 동사			
	암기법	amo-amāre [ā]				moneo-monēre [ē]				ducō-ducere [e]			
	어간	ama 사랑하다				mone 충고하다				duce 이끌다			
1단	+o	amor	am	a	or	moneor	mon	e	or	ducor	duc	e	or
2단	+s	amaris	am	a	ris	moneris	mon	e	ris	duceris	duc	e	ris
3단	+t	amatur	am	a	tur	monetur	mon	e	tur	ducitur	duc	e→i	tur
1복	+mus	amamur	am	a	mur	monemur	mon	e	mur	ducimur	duc	e→i	mur
2복	+tis	amamini	am	a	mini	monemini	mon	e	mini	ducimini	duc	e→i	mini
3복	+nt	amantur	am	a	ntur	monentur	mon	e	ntur	ducuntur	duc	e→u	ntur

구분	동사	3-io변화 동사				4변화 동사			
	암기법	capio-capere [e]				audio-audīre [ī]			
	어간	cape 잡다				audi 듣다			
1단	+o	capior	cap	e→i	or	audior	aud	i	or
2단	+s	caperis	cap	e	ris	audiris	aud	i	ris
3단	+t	capitur	cap	e→i	tur	auditur	aud	i	tur
1복	+mus	capimur	cap	e→i	mur	audimur	aud	i	mur
2복	+tis	capimini	cap	e→i	mini	audimini	aud	i	mini
3복	+nt	capiuntur	cap	e→iu	ntur	audiuntur	aud	iu	ntur

현재형 수동태는 현재형 능동태를 공부할 때 배운 내용에 덧붙일 것이 거의 없습니다. 3, 3 - io변화 동사의 2인칭 단수일 때 발음상의 이유로 i[이]대신 e[에]가 나타난다는 것 정도뿐입니다. 중요한 것은 수동태 어미를 기억하는 것입니다. 이번 강의의 첫 번째 〈따라쓰기〉는 '수동태 어미'입니다. 즉 "**or**[오르] - **ris**[리스] - **tur**[투르] - **mur**[무르] - **mini**[미니] - **ntur**[은투르]"입니다. 이 또한 자세히 보면 능동태와의 각각 대응이 o ┉▶ or, s ┉▶ ris, t ┉▶ tur, mus ┉▶ mur, tis ┉▶ mini, nt ┉▶ ntur로 나타나서 mini(2변화 복수)를 제외하곤 알아보기 어렵지 않습니다. 해석은 동사의 뜻에 맞게

주로 "~받는다" 또는 "~된다"로 하면 됩니다.

이어서 과거형 능동태와 수동태를 공부해 보도록 합니다.

과거형 능동태

구분	동사	1변화 동사				2변화 동사		
	암기법	amo-amāre [ā]				moneo-monēre [ē]		
	어간	ama 사랑하다				mone 충고하다		
1단	+m	amabam			m	monebam		m
2단	+s	amabas			s	monebas		s
3단	+ba +t	amabat	ama	ba	t	monebat	mone ba	t
1복	+mus	amabamus			mus	monebamus		mus
2복	+tis	amabatis			tis	monebatis		tis
3복	+nt	amabant			nt	monebant		nt

구분	동사	3변화 동사				3-io변화 동사		
	암기법	duco-ducere [e]				capio-capere [e]		
	어간	duce 이끌다				cape 잡다		
1단	+m	ducebam			m	capiebam		m
2단	+s	ducebas			s	capiebas		s
3단	+ba +t	ducebat	duce	ba	t	capiebat	capie ba	t
1복	+mus	ducebamus			mus	capiebamus		mus
2복	+tis	ducebatis			tis	capiebatis		tis
3복	+nt	ducebant			nt	capiebant		nt

구분	동사	4변화 동사			
	암기법	audio-audīre [ī]			
	어간	audi 듣다			
1단	+m	audiebam			m
2단	+s	audiebas			s
3단	+ba +t	audiebat	audie	ba	t
1복	+mus	audiebamus			mus
2복	+tis	audiebatis			tis
3복	+nt	audiebant			nt

과거형 능동태는 현재 어간에 "bam – bas – bat – bamus – batis – bant"를 붙이는 모습입니다.

그리고 과거형 수동태도 이런 방식으로 "bar[바르] – baris[바리스] – batur[바투르] – bamur[바무르] – bamini[바미니] – bantur[반투르]"를 붙입니다. 해석은 과거형 능동태처럼 진행의 의미를 살려 "~받고 있었다"나 "~되고 있었다"로 합니다.

인칭	능동태		
	과거형 어간	어미 변화	뜻
1단	+ba	+m	내가 ~하고 있었다.
2단		+s	네가 ~하고 있었다.
3단		+t	그/그녀/그것이 ~하고 있었다.
1복		+mus	우리가 ~하고 있었다.
2복		+tis	너희가 ~하고 있었다.
3복		+nt	그들/그녀들/그것들이 ~하고 있었다.

인칭	수동태		
	과거형 어간	어미 변화	뜻
1단	+ba	+(o)r*	내가 ~받고 있었다.
2단		+ris**	네가 ~받고 있었다.
3단		+tur	그/그녀/그것이 ~받고 있었다.
1복		+mur	우리가 ~받고 있었다.
2복		+mini	너희가 ~받고 있었다.
3복		+ntur	그들/그녀들/그것들이 ~받고 있었다.

---

* 1인칭 단수는 과거어간 ba에 or가 만나면 baor[바오르]가 아니라 bar[바르]가 됩니다. a가 o앞에 있으면 o는 생략되곤 하기 때문입니다. 그러나 과거 수동태 어미 자체인 bar – baris – batur…를 외운다면 이 또한 신경 쓸 필요가 없습니다.

** baris 대신 bare를 쓰기도 합니다.

과거형 수동태

구분	동사	1변화 동사				2변화 동사			
	암기법	amo-amāre [ā]				moneo – monēre [ē]			
	어간	ama 사랑하다				mone 충고하다			
1단	+r	amabar			r	monebar			r
2단	+ris	amabaris			ris	monebaris			ris
3단	+tur	amabatur	ama	ba	tur	monebatur	mone	ba	tur
1복	+mur	amabamur			mur	monebamur			mur
2복	+mini	amabamini			mini	monebamini			mini
3복	+ntur	amabantur			ntur	monebantur			ntur

구분	동사	3변화 동사				3 – io변화 동사			
	암기법	duco – ducere [e]				capio – capere [e]			
	어간	duce 이끌다				cape 잡다			
1단	+r	ducebar			r	capiebar			r
2단	+ris	ducebaris			ris	capiebaris			ris
3단	+tur	ducebatur	duce	ba	tur	capiebatur	capie	ba	tur
1복	+mur	ducebamur			mur	capiebamur			mur
2복	+mini	ducebamini			mini	capiebamini			mini
3복	+ntur	ducebantur			ntur	capiebantur			ntur

구분	동사	4변화 동사			
	암기법	audio – audīre [ī]			
	어간	audi 듣다			
1단	+r	audiebar			r
2단	+ris	audiebaris			ris
3단	+tur	audiebatur	audie	ba	tur
1복	+mur	audiebamur			mur
2복	+mini	audiebamini			mini
3복	+ntur	audiebantur			ntur

이번 강의의 두 번째 〈따라쓰기〉는 '과거형 수동태 어미'입니다. "bar[바르] –

baris[바리스] – batur[바투르] – bamur[바무르] – bamini[바미니] – bantur[반투르]"

마지막으로 미래형입니다. 능동태에서 미래형은 1, 2변화 동사가 한 세트이고 3, 3 – io, 4변화 동사가 또 다른 세트로, 변하는 방식이 총 두 개였습니다. 하나는 bo – bis – bit – bimus – bitis – bunt였고, 또 하나는 am – es – et – emus – etis – ent였습니다.

인칭	능동태(1, 2변화)		능동태(3, 3 – io, 4변화)		뜻
	미래형 어간	어미 변화	미래형 어간	어미 변화	
1단	+bi	– i + o	+e	– e + am	내가 ~할 것이다.
2단		+ s		+ s	네가 ~할 것이다.
3단		+ t		+ t	그/그녀/그것이 ~할 것이다.
1복		+ mus		+ mus	우리가 ~할 것이다.
2복		+ tis		+ tis	너희가 ~할 것이다.
3복		(i→u) + nt		+ nt	그들/그녀들/그것들이 ~할 것이다.

미래형 수동태 어미도 마찬가지로 1, 2변화 동사의 경우 "bor[보르] – beris[베리스] – bitur[비투르] – bimur[비무르] – bimini[비미니] – buntur[분투르]"이고, 3, 3 – io, 4변화 동사는 "ar[아르] – eris[에리스] – etur[에투르] – emur[에무르] – emini[에미니] – entur[엔투르]"로 합니다. 번역은 "~될 것이다"로 합니다.

* biris 대신 로마인들 발음상의 편의를 위해 beris를 사용합니다.

인칭	수동태(1, 2변화)		수동태(3, 3 – io, 4변화)		뜻
	미래형 어간	어미 변화	미래형 어간	어미 변화	
1단	+bi	– i + or	+e	– e + ar	내가 ~될 것이다.
2단		+ ris*		+ ris	네가 ~될 것이다.
3단		+ tur		+ tur	그/그녀/그것이 ~될 것이다.
1복		+ mur		+ mur	우리가 ~될 것이다.
2복		+ mini		+ mini	너희가 ~될 것이다.
3복		(i→u) + ntur		+ ntur	그들/그녀들/그것들이 ~될 것이다.

미래형 능동태

구분	동사		1변화 동사				2변화 동사			
	암기법		amo–amāre [ā]				moneo–monēre [ē]			
	어간		ama 사랑하다				mone 충고하다			
1단	+bi	–i+o	amabo	ama	bi	b+i	o	monebo	mone	b+i	o
2단		+s	amabis				s	monebis			s
3단		+t	amabit				t	monebit		bi	t
1복		+mus	amabimus				mus	monebimus			mus
2복		+tis	amabitis				tis	monebitis			tis
3복		+nt	amabunt			bu	nt	monebunt		bu	nt

구분	동사		3변화 동사				3–io변화 동사			
	암기법		duco–ducere [e]				capio–capere [e]			
	어간		duce 이끌다				cape 잡다			
1단	+e	+m	ducam	duce	e	e → a	m	capiam	capie	e → a	m
2단		+s	duces				s	capies			s
3단		+t	ducet				t	capiet			t
1복		+mus	ducemus				mus	capiemus		e	mus
2복		+tis	ducetis				tis	capietis			tis
3복		+nt	ducent				nt	capient			nt

구분	동사		4변화 동사			
	암기법		audio–audīre [ī]			
	어간		audi 듣다			
1단	+e	+m	audiam	audie	e	e → a	m
2단		+s	audies				s
3단		+t	audiet				t
1복		+mus	audiemus				mus
2복		+tis	audietis				tis
3복		+nt	audient				nt

미래형 수동태

구분	동사	1변화 동사				2변화 동사			
	암기법	amo-amāre [ā]				moneo-monēre [ē]			
	어간	ama 사랑하다				mone 충고하다			
1단	-e+am	amabor		b-i	or	monebor		b-i	or
2단	+ris	amaberis			ris	moneberis			ris
3단	+tur	amabitur	ama	bi	tur	monebitur	mone	bi	tur
1복	+bi +mur	amabimur			mur	monebimur			mur
2복	+mini	amabimini			mini	monebimini			mini
3복	+ntur	amabuntur		bu	ntur	monebuntur		bu	ntur

구분	동사	3변화 동사				3-io변화 동사			
	암기법	duco-ducere [e]				capio-capere [e]			
	어간	duce 이끌다				cape 잡다			
1단	+m	ducar		e → a	r	capiar		e → a	r
2단	+s	duceris			ris	capieris			ris
3단	+t	ducetur	duce		tur	capietur	capie		tur
1복	+e +mus	ducemur		e	mur	capiemur		e	mur
2복	+tis	ducemini			mini	capiemini			mini
3복	+nt	ducentur			ntur	capientur			ntur

구분	동사	4변화 동사			
	암기법	audio-audīre [ī]			
	어간	audi 듣다			
1단	+m	audiar		e → a	r
2단	+s	audieris			ris
3단	+t	audietur	audie		tur
1복	+e +mus	audiemur		e	mur
2복	+tis	audiemini			mini
3복	+nt	audientur			ntur

이번 강의 마지막 〈따라쓰기〉는 '미래 수동태 어미'입니다.

1, 2변화 동사 "bor[보르] – beris[베리스] – bitur[비투르] – bimur[비무르] – bimini[비미니] – buntur[분투르]"

3, 4변화 동사 "ar[아르] – eris[에리스] – etur[에투르] – emur[에무르] – emini[에미니] – entur[엔투르]"

탈형동사

수동태 강의를 마무리하며 한 가지만 더 짚고 넘어가겠습니다. 바로 탈형동사*라는 것입니다. 이것은 이름만 어렵지 개념이 어려운 것은 아닙니다. 이 유형의 동사는 형태는 수동태로 나타나지만 뜻은 능동으로 나타납니다. 가령

* "디포넌트(deponent)동사" 또는 "이태동사"라고도 합니다. 라틴어와 마찬가지로 그리스어를 공부할 때도 이 유형에 속한 단어들은 별도로 외워야만 합니다.

"hortor[호르토르] – hortaris[호르타리스] – hortatur[호르타투르] – hortamur[호르타무르] – hortamini[호르타미니] – hortantur[호르탄투르] '권고하다'라는 단어는 형태는 수동태이지만 '권고 받다'가 아니라 그 자체로 '권고하다'라는 뜻을 갖습니다. 이렇게 해석되는 단어들은 외울 때부터 "이 단어는 탈형동사다"라는 것을 확실히 기억해야 합니다. 이 유형의 단어들은 「심화편」에서 더 자세히 배우도록 합니다.

오늘의 라틴어 한마디

> **Luctor et emergo.**
> 룩토르 에트 에메르고.
> **나는 분투하여 떠오르고 있습니다.**

❶ 현재형 수동태 어미

or[오르] – ris[리스] – tur[투르] – mur[무르] – mini[미니] – ntur[은투르]

or		or		or	
ris		ris		ris	
tur		tur		tur	
mur		mur		mur	
mini		mini		mini	
ntur		ntur		ntur	

❷ 과거형 수동태 어미

bar[바르] – baris[바리스] – batur[바투르] – bamur[바무르] – bamini[바미니] – bantur[반투르]

bar		bar		bar	
baris		baris		baris	
batur		batur		batur	
bamur		bamur		bamur	
bamini		bamini		bamini	
bantur		bantur		bantur	

❸ 미래형 수동태 어미 : 1, 2변화 동사

bor[보르] – beris[베리스] – bitur[비투르] – bimur[비무르] – bimini[비미니] – buntur[분투르]

bor		bor		bor	
beris		beris		beris	
bitur		bitur		bitur	
bimur		bimur		bimur	
bimini		bimini		bimini	
buntur		buntur		buntur	

❹ 미래형 수동태 어미 : 3, 4변화 동사

ar[아르] – eris[에리스] – etur[에투르] – emur[에무르] – emini[에미니] – entur[엔투르]

ar		ar		ar	
eris		eris		eris	
etur		etur		etur	
emur		emur		emur	
emini		emini		emini	
entur		entur		entur	

유명한 라틴 말 또는 약자

성적

숨마 쿰 라우데	summa cum laude 상위 5% (GPA 3.9 이상)*
마그나 쿰 라우데	magna cum laude 상위 10% 또는 15% 이상 (GPA 3.7 이상)**
쿰 라우데	cum laude 상위 25% 또는 30% (GPA 3.5 이상)
베네	bene 좋음

유명한 단어

에쿠스	라틴어 명사 equus – equi 말(m)
아우디	라틴어 동사 audio – audire 듣다(4)의 명령법인 "들어라" (audi)
커리큘럼	라틴어 동사 curro – currere 달리다(3)에서 나온 명사인 curriculum – i(n) 달리기 경주 또는 코스
아젠다	라틴어 동사 ago – agere 행하다(3)의 미래수동분사형인 "다뤄져야 할 일"(agenda)
비전	라틴어 명사 vision – visionins 관점, 전망(f)
아쿠아	라틴어 명사 aqua – ae 물(f)
페르소나	라틴어 명사 persona – ae(f) 가면, 인격, 성격
옴니아	라틴어 형용사 omnis – omne 전체의***
네뷸라	라틴어 명사 nebula – ae 안개, 구름, 증기
스텔라	라틴어 명사 stella – ae 별(f)
니베아	라틴어 형용사 niveus – a – um 눈처럼 흰
비타민	라틴어 명사가 연상되는 말, vita – ae 생명, 삶(f)
유비쿼터스	라틴어 부사가 연상되는 말, ubique 모든 곳에, 어느 곳에서나
카렌더	라틴어 명사가 연상되는 말, calendarium – ii 달력(n)
아식스	라틴어 문구의 약어 ASICS(Anima Sana In Corpore Sano 건강한 육체에 건전한 육신이 [있기를]의 약어)

---

* 최우등   ** 우등   *** omnia(옴니아)는 이 라틴어 형용사의 중성형 복수 주격 또는 목적격 단어입니다.

유명한 문구

팍스 로마나	라틴어 Pax Romana(로마의 평화)는 pax – pacis 평화(f)와 Roma – ae 로마(f)
팍스 아메리카나	Pax Americana(미국이 이끄는 평화)는 제2세계대전 후에 팍스 로마나를 본떠 만든 말
아베 카이사르!	Ave(aveo – ere 기쁘다, 잘 지내다(3)의 명령형으로 "만세!" 정도로 번역) caesar 카이사르 만세!
아베 마리아!	Ave maria는 성모송을 지칭하며 "마리아께, 축하드립니다" 또는 "마리아께, 안녕하세요!" 정도로 번역
호모 사피엔스	Homo sapiens는 현재의 인류를 뜻하는 말로, 인간(homo – hominis 사람[m])이 이성적 사고(sapiens – sapientis 지혜로운)를 한다는 것을 강조
포노 사피엔스	Phono sapiens는 "스마트폰을 손에 쥔 신인류"를 가리키는 말로 영국의 주간지인 이코노미스트(The Economist)에서 처음 사용한 말
호모 섹슈얼	Homo sexual은 homo(사람)에 sexus – sexus 성(m)을 붙여 나오는 말로 동성애자를 의미
호모 루덴스	Homo ludens는 homo(사람)에 ludo – ludere 놀다(3)의 현재형 분사 형태를 붙여 놀이하는 인간을 뜻함

약자

etc.	라틴어 et cetera "등등"
e.g.	라틴어 exempli gratia "예를 들어"
c.f.	라틴어 confero – conferre 비교하다, 참고하다(3)의 명령법인 confer는 "참고하라"
N.B.	라틴어 noto – notare 유의하다. 적어놓다(1)에 bene를 붙여 "잘 유의해서 보라"는 뜻.
ibid.	라틴어 ibidem "같은 것(책)에서"
A.D.	anno Domini "기원 후"
a.m.	ante meridiem "정오 이전(오전)"
p.m.	post meridiem "정오 이후(오후)"
p.s.	post script "추신"

12강
학습영상

❶ 다음의 어미를 보고 시제와 태, 그리고 인칭과 수를 기재하세요.

   1. bor   [   ]
   2. ar   [   ]
   3. tur   [   ]

❷ 다음의 동사를 보고 시제와 태, 그리고 인칭과 수를 적고 해석하세요.

   1. duceris   [/   ]
   2. monentur   [/   ]
   3. capiemus   [/   ]
   4. amant   [/   ]
   5. audiuntur   [/   ]

❸ 다음은 "권고하다"라는 뜻을 가진 탈형동사입니다. 어미에 유의하여 뜻을 적으세요.

   1. hortor   [   ]
   2. hortamini   [   ]

라틴어 표현 익히기

의연

1. Fluctuat nec mergitur. (프랑스 파리시의 모토)
   흔들린다만 가라앉지 않습니다.

2. Non omnis moriar. (호라티우스: 비문에 적혀있을 법한 말로, 죽어서도 자신에 대한 기억이 계속되길 염원하는 것)
   나는 완전히 죽지 않습니다.

3. Amor animi arbitrio sumitur, non ponitur. (푸블리우스 쉬루스)
   영혼의 사랑은 내려놓는 것이 아니라 결정으로 시작됩니다.
   (영혼은 사랑을 포기하지 않고 결심합니다)

13강
완료 시제

학습목표

라틴어 동사를 **완료형 능동태**와 **완료형 수동태**에 맞게
현재형/과거형/미래형 시제로 각각 표현할 수 있다.

완료 시제

동사의 사주(四柱)

지난 시간에 동사의 수동태를 배웠습니다. 이번 시간에도 동사에 관해 배우게 됩니다. 이번 강의는 동사의 완료 시제를 중점적으로 다룹니다. 이 시간 이후로 우리는 라틴어 동사의 모든 패러다임을 완성할 수 있게 될 것입니다.

> 동사의 모든 패러다임을 완성할 수 있다.

"동사의 모든 패러다임을 완성할 수 있다"는 말이 무슨 뜻인지를 이해하기 위해 먼저 명사를 예로 들어 설명해 보겠습니다.

"discipula – discipulae 여학생(f)"

사전마다 차이가 있지만 사전이 알려주는 명사 정보는 대개 이것이 전부입니다. 즉 "주격 – 속격, 뜻(성)"입니다.* 우리는 이것만으로 모든 어미 변화를 떠올릴 수 있습니다. 즉 어미만 a – ae –

> * 사전에는 일반적으로 '성'이 '뜻'보다 먼저 나오지만, 이 책에서는 배운 순서에 따라 맨 마지막에 '성'을 썼습니다.

ae - am - a, ae - arum - is - as - is로 바꿔 주면 됩니다.

한편 동사의 사전형 기제법은 보통 다음과 같이 나타납니다.

* 현재완료 능동태 1인칭 단수이며, 완료형 능동태 어간을 찾아야 합니다.

> 1) 현재형 능동태 1인칭 단수
> 2) 현재형 능동태 부정사
> 3) 완료형 능동태*
> 4) 완료형 수동태**

** 완료 수동태 (성별)단수 또는 목적분사(supium)가 나오며, 목적분사의 경우 「심화편」에서 다룹니다. 여기서는 완료형 수동태 어간을 찾아야 합니다.

이것을 동사의 '사주'(四柱)라고 합니다. 동사는 이 네 가지 즉 사주를 알아야 어떤 동사의 형태든 만들 수 있습니다. 여기서 우리가 이미 배운 것은 두 개입니다.

동사 변화를 만드는 방법으로 다음과 같은 표를 이미 봤던 것을 알 겁니다. 즉 amo - amare가 바로 동사의 사주 중 두 칸을 차지합니다.

현재형 능동태 1인칭 단수	현재형 능동태 부정사
amo	amare
1인칭 단수	2인칭 단수부터는 ama(어간)에 어미 변화(s, t, mus, tis, nt) 붙이기를 뜻함

그러면 동사의 사주 중 추가로 들어갈 두 가지는 무엇일까요?

사전에 나와 있는 amo동사의 사주를 가지고 왔습니다. 이 동사를 가지고 어떻게 amo동사의 모든 변화표를 만들 수 있는지 배워 보도록 합니다. 앞서 말했듯 이번 강의에서는 우리가 아직 배우지 않은 완료 시제를 중점적으로 배우게 됩니다.

> amo - amare - amavi - amatus 사랑하다

완료형 능동태

이미 5~7강에서 amo – amare를 가지고 동사의 현재형, 과거형, 미래형을 만드는 법은 모두 배웠습니다. 그런데 여기에 amavi[아마비], amatus[아마투스]란 것이 나와 있습니다. 사주 중 세 번째 자리에 있는 amavi[아마비]를 먼저 보겠습니다. 이것은 '완료형 능동태'로서 모든 완료형 능동태 시제를 만들 때 사용됩니다.

| amavi 완료형 능동태 | amatus 완료형 수동태 |

완료 시제는 현재완료, 과거완료, 미래완료로 구성되며 이 세 구성은 영어의 완료 시제 구성과도 일치합니다.

현재완료 능동태

그럼 먼저 현재완료 능동태부터 살펴보기로 합니다.

완료형 능동태 어간	현재완료 인칭어미		형태		뜻*
amav	i	이	amavi	아마비	내가 사랑했다.
	isti	이스티	amavisti	아마비스티	네가 사랑했다.
	it	이트	amavit	아마비트	그/그녀/그것이 사랑했다.
	imus	이무스	amavimus	아마비무스	우리가 사랑했다.
	istis	이스티스	amavistis	아마비스티스	너희가 사랑했다.
	erunt	에룬트	amaverunt	아마베룬트	그들/그녀들/그것들이 사랑했다.

* 앞서 배운 과거형은 미완료의 의미를 가지고 있는 "~하고 있었다"(진행)로 해석했던 반면에, 이번에 현재완료를 배울 때는 동작이 완료됨을 표현하는 "~했다"(종결)라고 했습니다. 참고로 현재완료는 단순한 과거의 일을 말할 때나, 과거의 일이 현재에도 영향을 미치는 상태를 말할 때 모두 쓸 수 있습니다. 완료되었지만 현재에도 영향을 끼치고 있다는 점에서 현재완료인 것입니다. 이는 영어의 현재완료 시제에서 나타나는 의미와 비슷합니다.

표에서 나타나듯이 현재형 동사와 현재완료 동사의 어미 형태가 다릅니다. 현재 동사는 현재어간 ama에 어미 o – s – t – mus – tis – nt를 붙였는데, 현재완료 동사는 완료형 능동태 어간인 amav[아마브]에 어미 **i**[이] – **isti**[이스티] – **it**[이트] – **imus**[이무스] – **istis**[이스티스] – **erunt**[에룬트]를 붙입니다. 그러니까 동사 사주에 들어있는 amavi[아마비]는 현재완료 능동태 1인칭 단수였던 것이고, 나머지는 i[이]를 대신해 현재완료 인칭어미를 붙여주면 됩니다. 이번 강의 첫 번째 〈따라쓰기〉에서는 amo 동사를 가지고 "현재완료 능동태 변화"를 공부합니다.

"amavi[아마비] – amavisti[아마비스티] – amavit[아마비트] – amavimus[아마비무스] – amavistis[아마비스티스] – amaverunt[아마베룬트]"입니다.

과거완료 능동태

이어서 과거완료를 공부합니다. 현재완료와 마찬가지로 완료형 능동태 어간 amav[아마브]는 공통으로 씁니다. 그리고 과거완료 인칭어미는 라틴어의 be동사인 sum[숨]동사의 과거형으로 붙입니다. sum[숨]동사 과거형은 **era**[에라] 뒤에 **m** – **s** – **t** – **mus** – **tis** – **nt**를 붙인 꼴입니다. 이번 기회에 sum동사 과거형도 익히는 기회가 되시길 바랍니다.

* 영어든 라틴어든 과거완료 번역에 너무 겁을 먹을 필요는 없습니다. 눈에 보이면 그냥 과거로 번역하면 됩니다. 그럼에도 뉘앙스를 구분하면, 과거의 이야기를 하면서 '그것보다 더 전'이라는 의미에서 '더 과거'인 '대과거'(또는 과거완료)라고 하는 것입니다. 표에서는 현재완료인 '~했다'보다 더 과거임을 강조하기 위해 '~했었다'로 뜻을 적었습니다.

완료형 능동태 어간	과거완료 인칭어미 (sum동사의 과거형)		형태		뜻*
amav	eram	에람	amaveram	아마베람	내가 사랑했었다.
	eras	에라스	amaveras	아마베라스	네가 사랑했었다.
	erat	에라트	amaverat	아마베라트	그/그녀/그것이 사랑했었다.
	eramus	에라무스	amaveramus	아마베라무스	우리가 사랑했었다.
	eratis	에라티스	amaveratis	아마베라티스	너희가 사랑했었다.
	erant	에란트	amaverant	아마베란트	그들/그녀들/그것들이 사랑했었다.

두 번째 〈따라쓰기〉는 amo동사의 '과거완료 능동태 변화'입니다. 즉 "amaveram[아마베람] – amaveras[아마베라스] – amaverat[아마베라트] – amaveramus[아마베라무스] – amaveratis[아마베라티스] – amaverant[아마베란트]"입니다.

미래완료 능동태

미래완료도 과거완료를 만드는 방법과 유사합니다. amav[아마브]에 sum[숨]동사의 미래형을 붙입니다. 이번에는 sum동사의 미래형을 표로 먼저 살펴보겠습니다. eri[에리] 뒤에 어미 변화인 o – s – t – mus – tis – nt만 붙이면 되지만 1인칭 단수와 3인칭 복수에서 약간의 유의점이 나타날 것이기 때문입니다.

인칭	sum동사의 미래형		뜻 (be동사의 미래형)
1단	ero	에로	내가 ~했을 것이다.
2단	eris	에리스	네가 ~했을 것이다.
3단	erit	에리트	그/그녀/그것이 ~했을 것이다.
1복	erimus	에리무스	우리가 ~했을 것이다.
2복	eritis	에리티스	너희가 ~했을 것이다.
3복	erunt	에룬트	그들/그녀들/그것들이 ~했을 것이다.

이어서 미래완료 능동태를 만들어보겠습니다. 완료형 능동태 어간에 sum[숨]동사의 미래형을 넣습니다. 이때 3인칭 복수를 주의해보시기 바랍니다. 현재완료 3인칭 복수인 amaverunt[아마베룬트]와의 중복을 피하기 위해 **이 경우만 amaverint** **[아마베린트]가 되었습니다.**

완료형 능동태 어간	미래완료 인칭어미 (sum동사의 미래형) ※3인칭 복수 제외		형태		뜻*
amav	ero	에로	amavero	아마베로	내가 사랑했을 것이다.
	eris	에리스	amaveris	아바메리스	네가 사랑했을 것이다.
	erit	에리트	amaverit	아마베리트	그/그녀/그것이 사랑했을 것이다.
	erimus	에리무스	amaverimus	아마베리무스	우리가 사랑했을 것이다.
	eritis	에리티스	amaveritis	아마베리티스	너희가 사랑했을 것이다.
	erint	에린트	amaverint	아마베린트	그들/그녀들/ 그것들이 사랑했을 것이다.

세 번째 〈따라쓰기〉는 amo동사의 '미래완료 능동태 변화'입니다. 즉 "amavero[아마베로] – amaveris[아마베리스] – amaverit[아마베리트] – amaverimus[아마베리무스] – amaveritis[아마베리티스] – amaverint[아마베린트]"입니다.

* 미래완료 능동태의 번역은, 미래형인 "~할 것이다"에 완료적인 의미를 부가해서 (미래에 어떤 것을 마친 상태인) "~했을 것이다"로 했습니다. 영어 will have p.p(미래완료)와 흡사한 의미입니다.

완료형 수동태

지금까지 '완료형 능동태' 어간을 가지고 능동태의 모든 완료 시제를 배워 보았습니다. 그런데 앞서 동사의 사주 중 하나가 더 있다고 했습니다. 바로 마지막 자리에 있는 '완료형 수동태' 어간입니다. 이것으로 우리는 수동태의 모든 완료 시제를 만들게 됩니다.

1) 현재형 능동태 1인칭 단수
2) 현재형 능동태 부정사
3) 완료형 능동태
4) 완료형 수동태

amo동사의 완료형 수동태 어간은 amatus[아마투스]입니다.* 이것으로 현재완료 수동태, 과거완료 수동태, 미래완료 수동태 형태가 어떻게 나타나는지 살펴볼 것입니다.

amo동사의 사주 "amo – amare – amavi – amatus" 사랑하다

* 본문에서 amatus(아마투스)로만 설명하지만 1,2변화 형용사(us-a-um)처럼, 함께 쓰는 성/수/격에 따라 다른 어미를 달고 나옵니다. 즉 남성형일 때 amatus(단수) 또는 amati(복수)로 2변화 명사 남성형의 단수와 복수를 취하고, 여성형일 때 amata(단수) 또는 amatae(복수)로 1변화 명사 여성형의 단수와 복수를 취하며, 중성형일 때 amatum(단수) 또는 amata(복수)로 2변화 명사 중성형의 단수와 복수를 취합니다.

수동태는 수동태 어간(amatus[아마투스]) 뒤에 각각 sum동사의 현재형, 과거형, 미래형 변화형을 더해 만듭니다.

	완료형 능동태		완료형 수동태
amav	i – isti – it… (고유한 인칭어미)	amatus(amati) 아마투스(아마티)	sum – es – est… (sum동사 현재형)
	eram – eras – erat… (sum동사 과거형)		eram – eras – erat… (sum동사 과거형)
	ero – eris – erit… (sum동사 미래형)		ero – eris – erit… (sum동사 미래형)

먼저 과거완료 능동태와 과거완료 수동태는 각각의 어간(amav/amatus)에 sum동사의 과거형인 eram(에람)의 변화에 따라, 미래완료 능동태와 미래완료 수동태는 각각의 어간(amav/amatus)에 sum동사의 미래형인 ero[에로]의 변화에 따라 더하면 됩니다.

완료형 수동태 어간	과거완료 인칭어미	형태	뜻*
amatus	eram	amatus eram	내가 사랑받았었다.
	eras	amatus eras	네가 사랑받았었다.
	erat	amatus erat	그/그녀/그것이 사랑받았었다.
amati	eramus	amati eramus	우리가 사랑받았었다.
	eratis	amati eratis	너희가 사랑받았었다.
	erant	amati erant	그들/그녀들/그것들이 사랑받았었다.

과거완료 수동태

완료형 수동태 어간	미래완료 인칭어미	형태	뜻**
amatus (아마투스)	ero	amatus ero	내가 사랑받았을 것이다.
	eris	amatus eris	네가 사랑받았을 것이다.
	erit	amatus erit	그/그녀/그것이 사랑받았을 것이다.
amati (아마티)	erimus	amati erimus	우리가 사랑받았을 것이다.
	eritis	amati eritis	너희가 사랑받았을 것이다.
	erunt***	amati erunt	그들/그녀들/그것들이 사랑받았을 것이다.

미래완료 수동태

한편 현재완료 능동태에서는 i[이] – isti[이스티] – it[이트] – imus[이무스] – istis[이스티스] – erunt[에룬트]라는 특수한 형태를 가져왔기에 현재완료 수동태에서 완료형 수동태 어간에 sum동사의 현재형을 붙이면 능동태와 서로 다른 어미를 보이게 됩니다. sum동사의 현재형 변화를 먼저 보고 이어서 현재완료 수동태도 살펴보겠습니다. sum동사는 현재형에서 불규칙이 많이 나타나고 있습니다.

* 과거완료 능동태의 번역 "~했었다"를 수동형으로 바꿔서 "받았었다" 또는 "됐었다"로 합니다.

** 미래완료 능동태의 번역 "~했을 것이다"를 수동형으로 바꿔서 "~받았을 것이다" 또는 "~됐을 것이다"로 합니다.

*** 미래완료 능동태는 현재완료 능동태와 3인칭 복수에서 어미가 중복되는 현상이 나타나서 erint가 되었습니다. 그러나 미래완료 수동태는 현재완료 수동태와 3인칭 복수에서도 어미가 중복되지 않기에 그대로 erunt로 사용합니다. 즉 amatus erunt[아마투스 에룬트]입니다.

인칭	변화	뜻(be동사)
1단	sum	내가 ~에 있다.
2단	es	네가 ~에 있다.
3단	est	그/그녀/그것이 ~에 있다.
1복	sumus	우리가 ~에 있다.
2복	estis	너희가 ~에 있다.
3복	sunt	그들/그녀들/그것들이 ~에 있다.

sum동사의 현재형

완료형 수동태 어간	현재완료 인칭어미	형태	뜻*
amatus	sum	amatus sum	내가 사랑받았다.
	es	amatus es	네가 사랑받았다.
	est	amatus est	그/그녀/그것이 사랑받았다.
amati	sumus	amati sumus	우리가 사랑받았다.
	estis	amati estis	너희가 사랑받았다.
	sunt	amati sunt	그들/그녀들/그것들이 사랑받았다.

현재완료 수동태

이번 강의 마지막 〈따라쓰기〉는 amo동사의 '현재완료 수동태 변화'입니다. 즉 "amatus sum[아마투스 숨] – amatus es[아마투스 에스] – amatus est[아마투스 에스트] – amati sumus[아마티 수무스] – amati estis[아마티 에스티스] – amati sunt[아마티 순트]"입니다.

이렇게 해서 모든 완료형 능동태와 완료형 수동태를 만드는 법도 배웠습니다. 지금까지 배운 형태를 총 정리합니다.**

* 현재완료 능동태의 번역 "~했다"를 수동형으로 바꿔서 "~받았다" 또는 "~됐다"로 합니다.

** 라틴어 시제에서 과거의 의미를 갖는 것은 과거형, 현재완료, 과거완료로 세 개입니다 (각각 능동태, 수동태 형태로 나눠 합산하면 총 6개가 됩니다).

현재완료 능동태	amavi, amavisti, amavit, amavimus, amavistis, amaverunt	했다.
과거완료 능동태	amaveram, amaveras, amaverat, amaveramus, amaveratis, amaverant	했었다.
미래완료 능동태	amavero, amaveris, amaverit, amaverimus, amaveritis, amaverint	했을 것이다.
현재완료 수동태	amatus sum, amatus es, amatus est, amati sumus, amati estis, amati sunt	받았다. 됐다.
과거완료 수동태	amatus eram, amatus eras, amatus erat, amati eramus, amati eratis, amati erant	받았었다. 됐었다
미래완료 수동태	amatus ero, amatus eris, amatus erit, amati erimus, amati eritis amati erunt.	받았을 것이다, 됐을 것이다.

오늘의 라틴어 한마디

Alis volat propriis.

알리스 보라트 프로프리이스.

자신의 날개로 날아갑니다.

❶ amo동사 "현재완료 능동태 변화"

amavi[아마비] – amavisti[아마비스티] – amavit[아마비트] –
amavimus[아마비무스] – amavistis(아마비스티스) – amaverunt[아마베룬트]

amavi		
amavisti		
amavit		
amavimus		
amavistis		
amaverunt		

❷ amo동사 "과거완료 능동태 변화"

amaveram[아마베람] – amaveras[아마베라스] – amaverat[아마베라트] –
amaveramus[아마베라무스] – amaveratis[아마베라티스] – amaverant[아마베란트]

amaveram		
amaveras		
amaverat		
amaveramus		
amaveratis		
amaverant		

❸ amo동사 "미래완료 능동태 변화"

amavero[아마베로] – amaveris[아마베리스] – amaverit[아마베리트] –
amaverimus[아마베리무스] – amaveritis[아마베리티스] – amaverint[아마베린트]

amavero		
amaveris		
amaverit		
amaverimus		
amaveritis		
amaverint		

❹ amo동사 "현재완료 수동태 변화"

amatus sum[아마투스 숨] – amatus es[아마투스 에스] – amatus est[아마투스 에스트] –
amati sumus[아마티 수무스] – amati estis[아마티 에스티스] – amati sunt[아마티 순트]

amatus sum		
amatus es		
amatus est		
amati sumus		
amati estus		
amati sunt		

현대판 라틴어*

카르페 디엠	Carpe diem(호라티우스) 현재를 잡아라(seize the day)
카르페 녹템	Carpe noctem 밤에 충실하라(새벽에 일찍 일어나는 상황을 말함)
메멘토 모리	Memento mori 죽음을 기억하라
아모르 파티	Amor fati(니체) 운명을 사랑하라
쿠이 보노	Cui bono?(키케로) 누구에게 좋은 것인가?
코기토 에르고 숨	Cogito ergo sum(데카르트)
	나는 생각한다. 그러므로 나는 존재한다.
말 대신 행동으로	Acta non verba[악타 논 베르바]
말만이 아니라 사실	Res non verba[레스 논 베르바]
인문학	Artes liberales[아르테스 리베랄레스]**
여기 그리고 지금	Hic et nunc[힉 에트 눈크]
또 다른 자아	Alter ego[알테르 에고]
만인에 대한 만인의 투쟁	Bellum omnium contra omnes
	(토마스 홉스[벨룸 옴니움 콘트라 옴네스])
민중의 행복이 최고의 법이다	Salus populi suprema lex esto
	(키케로[사루스 포푸리 수프레마 렉스 에스토])
인생은 짧고, 기예는 길다	Vita brevis, ars longa
	(히포크라테스[비타 브레비스, 아르스 롱가])***
포도주 안에 담긴 진실	In vino veritas[인 비노 베리타스]
세상의 빛과 소금	Lux et sal mundi(마태복음[룩스 에트 살 문디])
태양 아래 새로운 것은 없다	Nihil sub sole novum(전도서[니힐 숩 솔레 노붐])
역경을 헤치고 별을 향해	Per aspera ad astra(페르 아스페라 아드 아스트라)
항상 피어나는 꽃은 없다	Nihil enim semper floret(키케로[니힐 에님 셈페르 프로레트])
살 때 조심하라	Caveat emptor(카베아트 엠프토르)
(= 구매자가 위험을 부담한다)	
한 배에 모든 것을 맡기지 마라	Uni navi ne committas omnia[우니 나비 네 콤밑타스 옴니아]
절대 절망하지 말라	Nil desperandum(호라티우스[닐 데스페란둠])

---

* 한국어 발음이 더 유명한 경우 발음을 먼저 기재합니다.

** 직역하면 '자유시민을 위한 학문(또는 기술)'으로, 영어 번역은 "리버럴 아츠"(Liberal Arts)입니다. 고·중세까지는 주로 3학 4과(문법, 수사, 논리, 산술, 기하학, 점성술, 음악)와 같이 학부 과정에서 배우는 기초 학문을 의미했으며 '인문학'이나 '교양학과' 또는 '자유과'라고도 합니다.

❶ 동사의 사주에 해당하는 내용을 쓰세요.

13강
학습영상

1.

2.

3.

4.

❷ 동사를 보고 시제와 태, 그리고 인칭과 수를 적고 해석하세요.

1. amavi   [/   ]

2. amaverunt   [/   ]

3. amaveram   [/   ]

4. amaverint   [/   ]

5. amatus sum   [/   ]

6. amatus est   [/   ]

❸ 설명에 맞는 형태를 쓰세요.

1. amo동사의 현재완료 수동태 3인칭 단수

[   ]

2. amo동사의 미래완료 능동태 2인칭 복수

[   ]

로마

1. Omniae viae quae ad romam duxerunt.

   모든 길이 로마로 안내합니다(=같은 목표에 도달하는 데 많은 다른 길이 있습니다).

2. Acta est fabula.

   연극(또는 이야기)은 끝났습니다.*

3. Roma non uno die aedificata est.

   로마는 하루 만에 세워지지 않았습니다.

---

* 로마 황제였던 아우구스투스(Caesar Augustus)의 마지막 유언으로, 자기 역할은 이제 끝났다는 말입니다.

14강
정리

정리

현재까지 배운 내용	
1강	라틴어 소개 + 동사 맛보기
2~4강	1, 2변화 명사
5~7강	동사의 현재형 + 과거형 + 미래형
8강	3변화 명사
9~11강	형용사와 대명사
12강	수동태
13강	완료 시제

여기까지 잘 따라온 여러분을 크게 칭찬합니다! 드디어 마지막 강의입니다. 그동안 진행된 강의의 흐름을 떠올려 봅니다. 라틴어는 가장 크게 세 가지로 구분하면 명사(nomen)와 동사(verbm) 그리고 불변화사(particula)로 나뉩니다. 우리는 이 책에서 명사와 동사를 위주로 배웠습니다. 불변화사는 부사, 전치사, 접속사 그리고 감탄사로서 「심화편」에서 좀 더 자세히 다루게 됩니다. 이 강에서는 〈한국어 품사론과 라틴어 품사론〉, 〈라틴어 음운론 – 모음삼각도〉, 〈명사의 어미 변화 총정리〉, 〈동사의 어미 변화 총정리〉, 〈여러 가지 불규칙 형용사〉, 〈(필수어휘가 나오는) 라틴어 성경구절〉을 공부합니다. 따라서 라틴어 문법의 전체 그림을 그려가면서 이전에 공부하고 지나갔던 것들을 다시 복습하는 시간이 될 것입니다.

정리 1 **한국어 품사론과 라틴어 품사론**

한국어는 명사, 대명사, 수사, 형용사, 동사, 관형사, 부사, 조사(격조사, 보조사, 접속조사를 한데 묶은 표현—다음 페이지에 있는 표 참고), 감탄사로 총 9품사가 존재합니다. 이는 영어나 라틴어에서 명사, 대명사, 형용사, 동사, 부사, 전치사, 접속사, 감탄사라는 8품사로 분류하는 것과 비교됩니다.

여기서 몇가지 주요한 차이를 짚어 보면, 라틴어나 영어에서는 수사를 명사의 한 부류로 보는 반면, 한국어는 하나의 품사로 취급하고 있습니다. 또 한국어는 영어에서 형용사로 지칭한 것을 (명사를 수식하는) 관형사와 (용언 중 하나로 상태를 서술하는) 형용사로 구별합니다(9강 형용사를 배울 때 128쪽 각주를 참고). 한국어 조사의 역할을 라틴어에서는 명사의 격이 하고 있습니다(특히 한국어 격조사가 라틴어 명사의 격이 하는 일을 하고 있습니다).

다음 페이지 그림은 한국어 품사론과 라틴어 품사론을 비교한 것입니다. 먼저 그림 정중앙에 한국어 품사론과 라틴어 품사론이 교차하는 지점을 보시기 바랍니다. 여기 11개 칸에 적힌 9품사(격조사, 보조사, 접속조사는 하나의 품사["조사"]로 통칭됨)는 한국어 품사론에 따른 것이며, 차이가 나타나는 라틴어 품사론은 각각의 한국어 품사 바로 아래 칸에 점선 표시하여 기재했습니다.

또한 정중앙 11개 각각 칸의 위쪽 부분은 한국어의 각 품사가 문장 내에서 하는 기능에 따라 "체언", "용언", "수식언", "관계언", "독립언"으로 분류한 것입니다. "체언"(體言)은 주어 역할을, "용언"(用言)은 술어 역할을 하는 것이며, "수식언"(어떤 말을 수식함)과 "관계언"(문장 내 관계를 나타냄) 및 "독립언"(문장 내에서 독립적인 기능을 함)은 그 이름이 기능을 가르쳐주고 있습니다.

아울러 정중앙 11개 각각 칸의 아래쪽 부분에는 라틴어 품사를 크게 세 가지 범주로 구별되어 있습니다. 본 책에서는 이 대분류에 따라 "명사"와 "동사"를 중점적으로 살펴본 것입니다. 참고로 라틴어 품사를 기능에 따라 분류하는 것(체언이나 용언 등과 같이)에 있어서는 한국어와 일맥상통합니다.

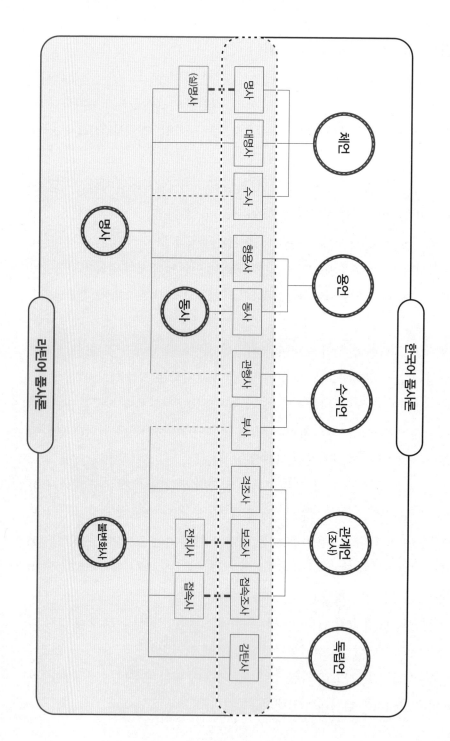

한국어 품사론과 라틴어 품사론

한국어 품사론

라틴어 품사론

명사
- (실)명사
- 명사
- 대명사
- 수사

제언
- 명사
- 대명사

용언
- 형용사
- 동사

동사
- 형용사
- 동사

수식언
- 관형사
- 부사

관계언
(조사)
- 격조사
- 보조사
- 접속조사

불변화사
- 전치사
- 접속사

독립언
- 감탄사

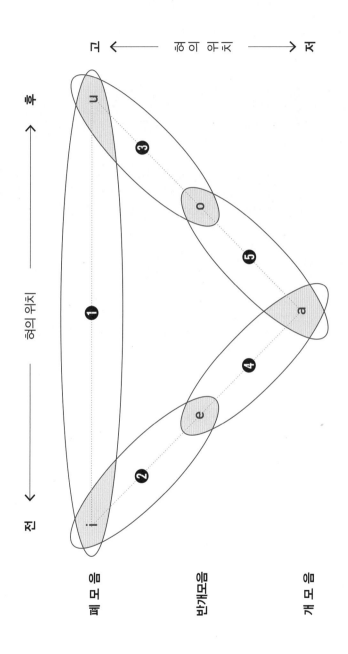

직선으로 한 번에 연결되는 발음끼리는 가까운 소리라고 할 수 있습니다. 생각해 볼 수 있는 모음의 변화들은 다음과 같습니다. 이처럼 발음이 변하는 것은 모두 소리를 편리하게 내기 위해 일어난 것임을 기억해 봅시다.

i 와 u ••••▶ 3, 3-io, 4변화 동사 현재형 3인칭 복수 어미가 int가 아닌 unt가 되는 현상 (6강 86~87쪽)
••••▶ 1, 2변화 동사 미래형 3인칭 복수 어미가 bint가 아닌 bunt가 되는 현상 (7강 103쪽)

i 와 e ••••▶ 3, 3-io, 4변화 동사 현재형 2인칭 단수~2인칭 복수가 es-et-emus-etis-ent가 아니라 is-it-imus-itis가 되는 현상(6강 86쪽)
••••▶ 3변화 명사 단수 탈격 e와 가까운 소리로 단수 여격이 i(8강 116쪽)
••••▶ 미래 수동태 2인칭 단수를 biris 대신에 beris로 발음하는 현상(12강 197쪽)

o 와 u ••••▶ 2변화 명사 단수 목적격 om대신 um (4강 59쪽)

a 와 e ••••▶ 3, 3-io, 4변화 동사 미래형 1인칭 단수 em 대신에 am(7강 104~107쪽)

a 와 o ••••▶ 1변화 동사 1인칭 단수 ao 대신에 o(5강 75쪽)

정리 3 　명사의 어미 변화 총정리(격 변화)

다음은 명사의 어미 변화 총정리입니다. 외우는 방법은 단수 탈격에서 시작해서 단수 주격으로 올라간 뒤, 복수 주격에서 복수 탈격으로 내려가며 끝납니다. 단수 탈격은 a[아]나 o[오] 또는 e[에]로 받침이 없는 깔끔한 소리이고, 단수 목적격으로 올라갈 때 m소리가 나타납니다. 그리고 여격은 근처에서 비슷한 형태(속격 또는 탈격)를 찾을 수 있습니다. 이어서 단수 속격은 복수 주격과 연결됩니다. 복수 주격에서 복수 속격으로 내려올 때는 m소리가 추가됩니다. 마지막 세 칸인 복수 여격과 목적격 그리고 탈격은 한 세트로 외웁니다.

[정리 3-1] 1변화 명사

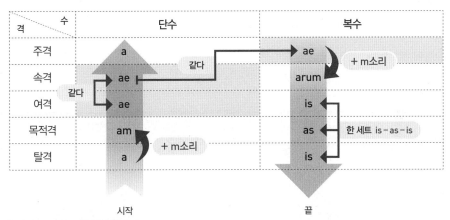

[정리 3-2] 2변화 명사

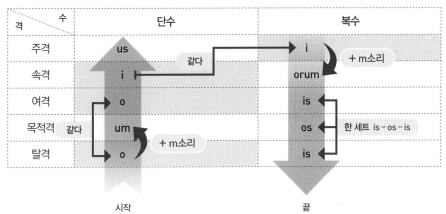

[정리 3-3] 3변화 명사

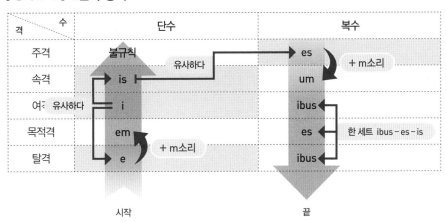

동사의 어미 변화 총정리(인칭어미 변화)

능동태와 수동태의 어미 변화를 살펴봅니다.

o – s – t – mus – tis – nt

or – ris – tur – mur – mini – ntur

인칭	능동태		수동태	
	어미 변화	뜻	어미 변화	뜻
1단	+ o	내가 ~ 한다.	+ or	내가 ~ 받는다.
2단	+ s	네가 ~ 한다.	+ ris	네가 ~ 받는다.
3단	+ t	그/그녀/그것이 ~ 한다.	+ tur	그/그녀/그것이 ~ 받는다.
1복	+ mus	우리가 ~ 한다.	+ mur	우리가 ~ 받는다.
2복	+ tis	너희가 ~ 한다.	+ mini	너희가 ~ 받는다.
3복	+ nt	그들/그녀들/그것들이 ~ 한다.	+ ntur	그들/그녀들/그것들이 ~ 받는다.

다음은 능동태와 수동태의 과거형 인칭어미입니다.

bam – bas – bat – bamus – batis – bant

bar – baris – batur – bamur – bamini – bantur

인칭	능동태			수동태		
	미래형 어간	어미 변화	뜻	미래형 어간	어미 변화	뜻
1단		+ m	내가 ~하고 있었다.		+ r	내가 ~받고 있었다.
2단		+ s	네가 ~하고 있었다.		+ ris	네가 ~받고 있었다.
3단		+ t	그/그녀/그것이 ~하고 있었다.		+ tur	그/그녀/그것이 ~받고 있었다.
1복	+ ba	+ mus	우리가 ~하고 있었다.	+ ba	+ mur	우리가 ~받고 있었다.
2복		+ tis	너희가 ~하고 있었다.		+ mini	너희가 ~받고 있었다.
3복		+ nt	그들/그녀들/그것들이 ~하고 있었다.		+ ntur	그들/그녀들/그것들이 ~받고 있었다.

1, 2변화 동사의 미래형 능동태와 수동태 인칭어미입니다.

bo – bis – bit – bimus – bitis – bunt

bor – beris – bitur – bimur – bimini – buntur

인칭	능동태			수동태		
	과거형 어간	어미 변화	뜻	과거형 어간	어미 변화	뜻
1단	+ bi	– i + o	내가 ~할 것이다.	+ bi	– i + or	내가 ~될 것이다.
2단		+ s	네가 ~할 것이다.		+ ris	네가 ~될 것이다.
3단		+ t	그/그녀/그것이 ~할 것이다.		+ tur	그/그녀/그것이 ~될 것이다.
1복		+ mus	우리가 ~할 것이다.		+ mur	우리가 ~될 것이다.
2복		+ tis	너희가 ~할 것이다.		+ mini	너희가 ~될 것이다.
3복		(i→u) + nt	그들/그녀들/ 그것들이 ~할 것이다.		(i→u) + ntur	그들/그녀들/ 그것들이 ~될 것이다.

이어서 3, 3 – io, 4변화 동사의 미래형 능동태와 수동태 인칭어미를 봅니다.

am – es – et – emus – etis – ent

ar – eris – etur – emur – emini – entur

인칭	능동태			수동태		
	미래형 어간	어미 변화	뜻	미래형 어간	어미 변화	뜻
1단	+ e	– e + am	내가 ~할 것이다.	+ e	– e + ar	내가 ~될 것이다.
2단		+ s	네가 ~할 것이다.		+ ris	네가 ~될 것이다.
3단		+ t	그/그녀/그것이 ~할 것이다.		+ tur	그/그녀/그것이 ~될 것이다.
1복		+ mus	우리가 ~할 것이다.		+ mur	우리가 ~될 것이다.
2복		+ tis	너희가 ~할 것이다.		+ mini	너희가 ~될 것이다.
3복		+ nt	그들/그녀들/ 그것들이 ~할 것이다.		+ ntur	그들/그녀들/ 그것들이 ~될 것이다.

이번에는 완료 시제입니다. 완료 시제의 어간은 능동태의 경우 동사 사주의 세 번째, 수동태의 경우 네 번째 자리로 찾습니다.

먼저 현재완료 능동태와 수동태 인칭어미를 살펴봅니다.

i – isti – it – imus – istis – erunt

sum – es – est – sumus – estis – sunt

인칭	능동태 (완료형 능동태 어간 뒤)		수동태 (완료형 수동태 형태 뒤)	
	인칭어미	의미	인칭어미	의미
1단	+ i	내가 ~ 했다.	+ sum	내가 ~ 받았다.
2단	+ isti	네가 ~ 했다.	+ es	네가 ~ 받았다.
3단	+ it	그/그녀/그것이 ~ 했다.	+ est	그/그녀/그것이 ~ 받았다.
1복	+ imus	우리가 ~ 했다.	+ sumus	우리가 ~ 받았다.
2복	+ istis	너희가 ~ 했다.	+ estis	너희가 ~ 받았다.
3복	+ erunt	그들/그녀들/그것들이 ~ 했다.	+ sunt	그들/그녀들/그것들이 ~ 받았다.

다음은 과거완료 능동태와 수동태 인칭어미입니다.

eram – eras – erat

eramus – eratis – erant (인칭어미 동일)

인칭	능동태 (완료형 능동태 어간 뒤)		수동태 (완료형 수동태 형태 뒤)	
	인칭어미	의미	인칭어미	의미
1단	+ eram	내가 ~ 했었다.	+ eram	내가 ~ 받았었다.
2단	+ eras	네가 ~ 했었다.	+ eras	네가 ~ 받았었다.
3단	+ erat	그/그녀/그것이 ~ 했었다.	+ erat	그/그녀/그것이 ~ 받았었다.
1복	+ eramus	우리가 ~ 했었다.	+ eramus	우리가 ~ 받았었다.
2복	+ eratis	너희가 ~ 했었다.	+ eratis	너희가 ~ 받았었다.
3복	+ erant	그들/그녀들/그것들이 ~ 했었다.	+ erant	그들/그녀들/그것들이 ~ 받았었다.

마지막으로 미래완료 능동태와 수동태 인칭어미를 봅니다.

ero – eris – erit – erimus – eritis – erint

ero – eris – erit – erimus – eritis – erunt

인칭	능동태 (완료형 능동태 어간 뒤)		수동태 (완료형 수동태 형태 뒤)	
	인칭어미	의미	인칭어미	의미
1단	+ ero	내가 ~ 했을 것이다.	+ ero	내가 ~ 받았을 것이다.
2단	+ eris	네가 ~ 했을 것이다.	+ eris	네가 ~ 받았을 것이다.
3단	+ erit	그/그녀/그것이 ~ 했을 것이다.	+ erit	그/그녀/그것이 ~ 받았을 것이다.
1복	+ erimus	우리가 ~ 했을 것이다.	+ erimus	우리가 ~ 받았을 것이다.
2복	+ eritis	너희가 ~ 했을 것이다.	+ eritis	너희가 ~ 받았을 것이다.
3복	+ erint	그들/그녀들/그것들이 ~ 했을 것이다.	+ erunt	그들/그녀들/그것들이 ~ 받았을 것이다.

정리 5 **불규칙 형용사 총정리**

다음 페이지에 8가지 불규칙 형용사들이 나와 있습니다. 이는 "solus – a – um[솔루스 – 솔라 – 솔룸] 유일한"이라는 형용사와 동일하게 변하는 단어들입니다. 9강 형용사에서 여러가지 불규칙 형용사 참조하세요(141쪽).

이 불규칙 형용사는 대명사처럼 변한다고 해서 대명사적 형용사라고도 합니다 (solus – a – um 변화를 포함하여 총 9가지가 이와 같이 변합니다).

구분		남성형	여성형	중성형
단수	주격	–	–	–
	속격	ius		
	여격	i		
	목적격	um	am	um
	탈격	o	a	o
복수	주격	i	ae	a
	속격	orum	arum	orum
	여격	is	is	is
	목적격	os	as	a
	탈격	is	is	is

대명사적 형용사 어미

1. unus – una – unum 하나의 (one[우누스 – 우나 – 우눔])

구분		남성형	여성형	중성형
단수	주격	unus	una	unum
	속격	unius		
	여격	uni		
	목적격	unum	unam	unum
	탈격	uno	una	uno
복수	주격	uni	unae	una
	속격	unorum	unarum	unorum
	여격	unis	unis	unis
	목적격	unos	unas	una
	탈격	unis	unis	unis

2. totus – tota – totum 모든 (whole[토투스 – 토타 – 토툼])*

구분		남성형	여성형	중성형
단수	주격	totus	tota	totum
	속격	totius		
	여격	toti		
	목적격	totum	totam	totum
	탈격	toto	tota	toto
복수	주격	toti	totae	tota
	속격	totorum	totarum	totorum
	여격	totis	totis	totis
	목적격	totos	totas	tota
	탈격	totis	totis	totis

* 참고로, 한국어로는 (일반적인 3변화 형용사인) omnis–omne도 '모든'을 뜻합니다. 그러나 그 뉘앙스를 영어 단어로 구별하자면 totus–tota–totum는 whole에, omnis–omne는 all에 가깝습니다. 전자는 '전체의'라는 어감이, 후자는 '각각의 모든 것들'이라는 어감이 있습니다. 가령 whole the book은 어떤 책의 전체, all the books은 모든 책들입니다.

3. uter – utra – utrum 둘 중 어느 것이나 (either of two[우테르 – 우트라 – 우트룸])

구분		남성형	여성형	중성형
단수	주격	uter	utra	utrum
	속격	utrius		
	여격	utri		
	목적격	utrum	utram	utrum
	탈격	utro	utra	utro
복수	주격	utri	utrae	utra
	속격	utrorum	utrarum	utrorum
	여격	utris	utris	utris
	목적격	utros	utras	utra
	탈격	utris	utris	utris

4. neuter – neutra – neutrum 둘 다 아닌 (neither of two[네우테르 – 네우트라 – 네우트룸])

구분		남성형	여성형	중성형
단수	주격	neuter	neutra	neutrum
	속격	neutrius		
	여격	neutri		
	목적격	neutrum	neutram	neutrum
	탈격	neutro	neutra	neutro
복수	주격	neutri	neutrae	neutra
	속격	neutrorum	neutrarum	neutrorum
	여격	neutris	neutris	neutris
	목적격	neutros	neutras	neutra
	탈격	neutris	neutris	neutris

5. ullus – ulla – ullum 어떤, 어느 (any[울루스 – 울라 – 울룸])

구분		남성형	여성형	중성형
단수	주격	ullus	ulla	ullum
	속격	ullius		
	여격	ulli		
	목적격	ullum	ullam	ullum
	탈격	ullo	ulla	ullo
복수	주격	ulli	ullae	ulla
	속격	ullorum	ullarum	ullorum
	여격	ullis	ullis	ullis
	목적격	ullos	ullas	ulla
	탈격	ullis	ullis	ullis

6. nullus – nulla – nullum 어느 것도 아닌 (not any[눌루스 – 눌라 – 눌룸])

구분		남성형	여성형	중성형
단수	주격	nullus	nulla	nullum
	속격	nullius		
	여격	nulli		
	목적격	nullum	nullam	nullum
	탈격	nullo	nulla	nullo
복수	주격	nulli	nullae	nulla
	속격	nullorum	nullarum	nullorum
	여격	nullis	nullis	nullis
	목적격	nullos	nullas	nulla
	탈격	nullis	nullis	nullis

7. alius – alia – aliud 다른 어떤 것 (other이나 another[알리우스 – 알리아 – 알리우드])[*]

구분		남성형	여성형	중성형
단수	주격	alius	alia	aliud
	속격	alterius		
	여격	alteri		
	목적격	alium	aliam	aliud
	탈격	alio	alia	alio
복수	주격	alii	aliae	alia
	속격	aliorum	aliarum	aliorum
	여격	aliis	aliis	aliis
	목적격	alios	alias	alia
	탈격	aliis	aliis	aliis

* 이 단어의 단수 속격이나 여격은 자주 alter[알테르]의 속격을 빌려서 사용합니다. 즉 속격과 여격의 어간이 alter[알테르]로 바뀝니다.

8. alter – altera – alterum (둘 중의) 다른 하나 (the other[알테르 – 알테라 – 알테룸])

구분		남성형	여성형	중성형
단수	주격	alter	altera	alterum
	속격	alterius		
	여격	alteri		
	목적격	alterum	alteram	alterum
	탈격	altero	altera	altero
복수	주격	alteri	alterae	altera
	속격	alterorum	alterarum	alterorum
	여격	alteris	alteris	alteris
	목적격	alteros	alteras	altera
	탈격	alteris	alteris	alteris

정리 6 **라틴어 성경구절**

라틴어 기초 문법을 마친 분들은 라틴어 성경을 통해서 공부를 이어 가는 것도 좋습니다. 라틴어 성경은 비교적 어렵지 않은 문법 구조로 이루어져 있고, 또 오랜 기간 기독교 세계의 경전이자 인류의 고전으로 사용되었다는 점에서 역사적 가치도 지니고 있기 때문입니다.

라틴어 성경 읽기를 통한 라틴어 공부에 관심 있는 분들을 위해 이 책의 〈필수어휘〉에 나오는 몇 가지 라틴어 성경구절(Biblia Sacra Nova Vulgata)*을 소개합니다. 한글 번역은 개인 사역으로 제시한 것임을 밝힙니다.

* 사용된 라틴어 성경본은 다음 의 홈페이지에서 전문을 읽을 수 있습니다(QR코드 참조).

valeō, valēre, valuī, valitūrus　잘 지내다, 건강하다

Non est opus valentibus medico sed male habentibus.
건강한 이들에게는 의사가 필요 없지만 병을 가진 이들에게는 필요하다(마태복음 9:12).

beātus, beāta, beātum　행복한, 복된

Beati, qui lugent, quoniam ipsi consolabuntur.
슬퍼하는 사람들은 행복한 사람들이다. 바로 그들이 위로를 받을 것이기 때문이다(마태복음 5:4)

aqua, aquae　물(f)

Sicut aqua profunda consilium in corde viri, sed homo sapiens exhauriet illud.
사람의 마음 안에 있는 계획은 깊은 물과 같지만 지혜로운 사람은 그것을 끌어낸다(잠언 20:5).

īra, īrae　분노(f)

ira enim viri iustitiam Dei non operatur.
진정 사람의 분노는 하나님의 정의를 이루지 못한다(야고보서 1:20).

anima, animae　공기, 숨, 생명, 영혼(f)

Anima enim plus est quam esca, et corpus quam vestimentum.
생명이 음식보다 더 소중하고 몸이 옷보다 더 소중하다(누가복음 12:23).

via, viae　길, 방법(f)

Ipse vero scit viam meam, et, si probaverit me, quasi aurum egrediar.
바로 그분이 나의 길을 아신다. 만약 그가 나를 시험하신다면 나는 금과 같이 나아갈 것이다(욥기 23:10).

3강

> **vīta, vītae** 생명(f)

Videte et cavete ab omni avaritia, quia si cui res abundant, <u>vita</u> eius non est ex his, quae possidet.

모든 탐욕을 주의하고 경계하라. 만약 누군가에게 가진 것이 넘쳐난다 해도 그 생명은 소유한 것으로부터 나오는 것이 아니기 때문이다(누가복음 12:15).

> **sapientia, sapientiae** 지혜(f)

Non glorietur sapiens in <u>sapientia</u> sua, et non glorietur fortis in fortitudine sua, et non glorietur dives in divitiis suis.

지혜로운 자는 그의 지혜를 자랑하지 말고, 힘센 자는 그의 힘을 자랑하지 말며, 부자는 그의 부를 자랑하지 말라(예레미야 9:22[23]).

4강

> **dōnum, dōnī** 선물(n)

Petrus autem dixit ad eum: "Argentum tuum tecum sit in perditionem, quoniam <u>donum</u> Dei existimasti pecunia possideri!

베드로가 그에게 말했다. "너의 돈이 너와 함께 파멸될 것이다. 네가 하나님의 선물을 돈으로 얻게 되리라 생각했기 때문이다"(사도행전 8:20)

amō, amāre, amāvī, amātus 사랑하다

Et vos ergo, amate peregrinos, quia et ipsi fuistis advenae in terra Aegypti.
그러므로 너희 또한 이방인들을 사랑하라. 왜냐하면 바로 너희가 이집트 땅에서 이방인들이었기 때문이다.(신명기 10:19)

servō, servāre, servāvī, servātus 지키다

Si diligitis me, mandata mea servabitis.
너희가 나를 사랑한다면 나의 명령도 지킬 것이다(요한복음 14:15).

discō, discere, didicī, discitus 배우다

quae et didicistis et accepistis et audistis et vidistis in me, haec agite; et Deus pacis erit vobiscum.
너희는 나에게 배우고 받고 듣고 본 것을 행하라. 평화의 하나님이 너희와 함께 하실 것이다(빌립보서 4:9).

aedificō, aedificāre, aedificāvī, aedificātus 짓다

pse aedificabit domum nomini meo, et stabiliam thronum regni eius usque in sempiternum.
바로 그가 나의 이름을 위해 집을 지을 것이다. 그리고 나는 그 왕국의 왕좌가 계속해서 지속되도록 세울 것이다(사무엘하 7:13).

vēritās, vēritātis   진리, 진실(f)

Filioli, non diligamus verbo nec lingua sed in opere et veritate.

자녀들이여, 우리가 말과 혀가 아니라 수고와 진실로써 사랑합시다(요한일서 3:18).

sānus, sāna, sānum   건강한, 바른

in verbo sano irreprehensibilem, ut is, qui ex adverso est, vereatur, nihil habens malum dicere de nobis.

바른 말을 하여 비난할 것이 없게 하라. 이는 반대하는 자로부터 우리에 대해 나쁘게 말할 것을 아무것도 가지지 않게 하여 그를 부끄럽게 하기 위함이다(디도서 2:8).

학습영상 모음

1강 학습영상

2강 학습영상

3강 학습영상

4강 학습영상

5강 학습영상

6강 학습영상

7강 학습영상

8강 학습영상

9강 학습영상

10강 학습영상

11강 학습영상

12강 학습영상

13강 학습영상

라틴어 공부는 그 자체로 위대한 도전입니다. 하나의 문장 안에 있는 방대한 패러다임들을 떠올리고 구별하는 것은 사고를 촘촘하고 논리적이며 수학적으로 만드는 데 기여할 것입니다. 라틴어 공부를 계기로 다른 고전어 공부를 시작할 수 있는 자신감도 얻고, 서양의 고대 여행지에서 만나는 언어를 읽는 성취감도 얻게 되시길 바랍니다. 이 책을 통한 라틴어 공부의 유익과 기쁨이 여러분께 계속되길 기대하고 응원합니다.

"Non scholae sed vitae discimus."
우리는 학교가 아니라 삶을 위해서 배웁니다.

– 세네카 –